金井 厚
Atsushi Kanai

岡本行生
Yukio Okamoto

岩松琢也
Takuya Iwamatsu

著

事業承継M&A「磨き上げ」のポイント

経済法令研究会

はじめに

　私たちは、長年、M&Aのアドバイザリー業務に携わってきました。近年は、特に中堅中小のオーナー企業が売り手となるM&Aに数多く関わっています。その時々で、売り手側あるいは買い手側のアドバイザーとしてM&A取引を支援していますが、その活動のなかで、共通の問題意識を持っていました。

　それは、売り手である中堅中小企業の致命的な「準備不足」です。これは、「買い手が買収条件を検討する際に提供すべき資料ができていない、不足している」ということではありません。ここでの準備不足とは、「そもそも自社は売れる会社なのか」、あるいは「売れる（売りやすい）会社にするためにはどうしたらよいのか」、そして「よりよい条件で売るために事前にできることはないのか」といったことについて、M&Aのプロセスに入る前に、十分な検討や有効な対策がなされていないことをいっています。

　売り手は、M&Aの対外的なプロセスが始まってから、「広く買い手を募る」「買い手が検討中に発見した問題点に対症療法で乗り切る」「買い手との条件交渉をがんばる」ということに注力しがちですが、もっと根源的で効果的な、事前の準備のほうにより意識を向けるべきです。この売り手にとってM&Aの成否を大きく左右する事前準備が、「磨き上げ」です。

　これまで「磨き上げ」だけを扱った書籍は他になく、今回がおそらくはじめての試みになると思います。

　本書は、M&A業務を専門としていない、金融機関の第一線の渉外担当者向けに平易な解説を心がけました。また、それらの渉外担

当者を通して、事業承継に悩む中堅中小企業のオーナーが本書を手に取ることも想定した内容となっています。

　現在、取引先の中堅中小企業の事業承継支援が金融機関の重要な業務の一つとなっている中で、本書は、単なる知識の取得ではなく、実践に役立つものを目指しました。そのために、専門的ではない、ごく基本的な留意点、方法論にも言及し（実は当たり前のことが普通にできていない企業が驚くほど多い）、後半の事例編で、実際のＭ＆Ａの実例を通して「磨き上げ」の実践の仕方とその効果を紹介するとともに、巻末に「磨き上げ」の準備書類とチェックリストを掲載するなどの工夫をしています。

　なお、本書では、磨き上げの実践を解説する中で、弁護士、会計士、税理士、コンサルタントなどとの連携を推奨していますが、支援を仰ぐ専門家は、その専門家のＭ＆Ａ業務での経験の豊富さと仕事に対する誠実さを基準に慎重に選ぶことが重要です。

　本書が、取引先の事業承継を支援する皆様の活動、ならびに事業承継に悩まれる中堅中小企業のオーナーの円滑なＭ＆Ａ実行の一助となれば幸いです。

　2019年5月

　　　　　　　　　　　　　　　金井　厚、岡本行生、岩松琢也

目　次

第1章「磨き上げ」総論

第1 「磨き上げ」とは

第2 「磨き上げ」の内容

1　磨き上げの目的 …………………………………… 4
2　磨き上げの対象 …………………………………… 5
3　磨き上げの手順 …………………………………… 6

第3 「磨き上げ」における金融機関の役割

1　磨き上げのきっかけづくり ……………………… 8
2　磨き上げのサポート ……………………………… 8
3　買い手のサポート ………………………………… 9
4　磨き上げの高度化と啓蒙 ………………………… 10

第 2 章 「磨き上げ」チェック項目

第 1　組織・経営を明確にしよう

1　株式と株主 ··· 13
・株券は発行されていますか？ ·· 14
・株主名簿は作成・管理されていますか？ ································ 14
・株主の変遷を正確に把握していますか？ ································ 15
・株主の異動は正しい手続で行われていますか？ ······················· 15
・名義株はありませんか？ ·· 16
・株主の情報を把握していますか？ ······································· 16

2　会社の規則・規程など ··· 18
・定款は法令などに適合していますか？ ·································· 19
・会社の規則・規程は現行の運営と合致していますか？ ··············· 19
・株主総会議事録・取締役会議事録は作成していますか？ ·········· 20
・会社の現状と商業登記簿謄本との不一致はありませんか？ ······ 20

3　取締役 ··· 21
・M＆Aにより退任する取締役・留任する取締役は決めていますか？ ··· 21
・会社と取締役との取引関係はありませんか？ ·························· 21

4　組　　織 ··· 22
・役職員の組織図は作成してありますか？ ······························· 22
・各部署の責任者は適正に配置されていますか？ ······················ 22
・各部署の役割は明確になっていますか？ ······························· 23

- ・海外拠点（海外子会社・海外支店）について正確に把握していますか？… 24
- **5　業務フロー** ……………………………………………………… 25
- ・業務フローを作成していますか？ ……………………………… 25
- ・業務フローの見直しは必要ありませんか？ …………………… 25
- **6　会社案内** ………………………………………………………… 26
- ・会社案内・商品案内などは更新されていますか？ …………… 26
- ・会社の沿革をよく理解していますか？ ………………………… 27

第2　財務関連を明確にしよう

- ・会計帳簿は適切に作成・保管されていますか？ ……………… 30
- ・会計基準に準拠した合理的な会計処理をしていますか？ …… 32
- ・決算書は正しく作成されていますか？ ………………………… 35
- ・決算書の記載内容を充実させていますか？ …………………… 37

第3　事業・取引関連を明確にしよう

- **1　事　業** …………………………………………………………… 42
- ・自社の事業の強み・弱みを把握していますか？ ……………… 42
- ・事業計画は作成していますか？ ………………………………… 45
- ・予実管理は行われていますか？ ………………………………… 47
- ・営業状況・取引先（顧客）・仕入先の情報管理はどうなっていますか？… 48
- ・研究開発一覧は整備されていますか？ ………………………… 50
- **2　取引関係** ………………………………………………………… 51
- ・主要販売先の売上推移・利益状況・取引内容はどうなっていますか？… 51
- ・主要仕入先・業務委託先の取引金額推移、取引継続の可能

性、代替可能性はどうなっていますか？ 53
・グループ間取引の損益はどうなっていますか？ 53
・オーナーやオーナー親族への役員報酬、その他費用はどうなっていますか？ ... 56

第4　税務関連を明確にしよう

・税の申告書控えはきちんと保管されていますか？ 57
・申告に要した関係書類はきちんと整理保管されていますか？ ... 59
・納税額の一覧表を作成していますか？ 59
・税務調査と修正申告の履歴は作成していますか？ 60
・税務リスクに備えた処理を心がけていますか？ 61

第5　法務関連を明確にしよう

1　契約書 64
・契約書はきちんと整理保管していますか？ 64
・契約書に不備はありませんか？ 65
2　不動産など 65
・所有不動産についてリストの作成、関連書類の整理などを
　行っていますか？ 66
・賃貸不動産の契約一覧は作成・管理していますか？ 67
・リース資産、レンタル資産の契約一覧は作成・整理していますか？ ... 68
3　知的財産権 70
・知的財産権のリストは作成していますか？ 70
・ライセンス契約のリストは作成していますか？ 71

4　許認可関係 ………………………………………………… 72
・許認可関係のリストの作成・整備管理をしていますか？ ….. 72
・許認可関係の承継要件・手続を確認していますか？ ………… 72
5　訴訟など …………………………………………………… 73
・訴訟関係の書類は整理していますか？ ……………………… 73
・クレームの内容・対応などの記録は整理していますか？ ….. 74

第6　人事・労務関連を明確にしよう

1　人事関係 …………………………………………………… 76
・株主のリスト・役員のリストを作成していますか？ ………… 76
・代表者とその親族の去就についての意向を確認していますか？ …. 78
・親族以外の役員の情報を整理していますか？ ……………… 78
・役員退職金規程を整備していますか？ ……………………… 79
・役員の異動、報酬の検証資料を整備していますか？ ………… 79
・従業員リストおよび組織図を作成していますか？ …………… 80
・従業員の管理台帳（履歴書や人別源泉徴収簿など）を整理していますか？ … 81
・給与台帳・賃金台帳を整理していますか？ …………………… 81
・入社・退職などの履歴を整理していますか？ ……………… 82
・雇用契約書、就業規則、給与などの諸規程を作成・整理していますか？ … 82
2　労務関係 …………………………………………………… 83

第7　コンプライアンス関連を明確にしよう

・組織としてコンプライアンスへの取組み状況を理解していますか？ … 85
・定款で定められていない事業を営んでいませんか？ ………… 86

- 必要な許認可を取得していない事業、届出を怠っている事業、必要な資格者を確保していない事業はありませんか？ ……… 87
- 顧客からのクレーム対応はどうなっていますか？ …………… 88
- 営業秘密などの管理は適切になされていますか？ …………… 89
- 個人情報管理に関しての対応は整備されていますか？ ……… 90
- 反社会的勢力との関係性遮断への取組みは講じていますか？ … 91
- 事業に関連して適用される環境関連法規・条例などのリストおよび対応状況に関する説明資料はきちんと整備・保管していますか？　環境問題に関するクレームはありますか？　ある場合、その内容はどのようなものですか？ ……… 92

第8　保険の状況を明確にしよう

- 保険の積立金・解約返戻金などの簿外資産が生じていませんか？ … 95
- 保険についての会計処理が間違っていませんか？ …………… 95
- 生命保険の契約内容をきちんと把握していますか？ ………… 96
- 保険料の支払や給付金・解約返戻金の受取りなどについて正しい会計処理が行われていますか？ ………………………… 97

第9　ITシステムについて明確にしよう

- 事業戦略の遂行に必要なＩＴシステムは描けていますか？ … 101
- 現状システムの全体構成を理解していますか？ ……………… 101
- システムの開発・運用・保守体制は適切ですか？ …………… 101
- 更新切れや違法に使用しているソフトウエアはありませんか？ … 103
- セキュリティは適切に管理されていますか？ ………………… 103
- 取扱データの管理や利用は適切になされていますか？ …… 104

・将来のシステム投資はきちんと計画していますか？ ………… 105

第10　海外関連について明確にしよう

- 海外子会社の目的は明確ですか？ ………………………… 106
- 海外子会社の資本構成、役員構成、現地活動における制約
  事項は明確ですか？ ………………………………………… 107
- 海外子会社の持つべき機能や責任・権限、本社との役割分
  担は明確ですか？ …………………………………………… 108
- 海外子会社の経営状況のレポーティングはどうなっていますか？… 108
- 海外子会社の事業計画は作成していますか？ ……………… 109
- 海外協力工場、海外パートナーとの取引はどうなっていますか？… 109

第11　社内の整理整頓を確認しよう

- ５Ｓとは？ …………………………………………………… 111
- 生産部門（工場や倉庫内）の整理整頓はきちんとなされていますか？… 112
- 営業・管理部門の整理整頓はきちんとなされていますか？… 114

第３章　「磨き上げ」の事例

事例１　株主情報の整理が不十分でM＆Aに失敗した事例… 118
事例２　M＆Aを断念し自主清算した事例 ………………… 125
事例３　顧客資産の「見える化」によって価値向上に成功した事例… 130
事例４　知的財産権の有効化が決め手となってM＆Aが成功した事例… 136

事例5	受託業務や研究開発の磨き上げによってM&Aが成功した事例…141
事例6	不採算事業の撤退による収益改善によってM&Aが成功した事例……………………………………145
事例7	大幅な債務超過であっても事業の成長可能性の共有によってM&Aが成功した事例…………………149
事例8	株主と経営陣の対立を乗り越えて事業承継に成功した事例…154

■巻末資料■

・磨き上げのために準備すべき書類等（162）

・磨き上げの手順（165）

・磨き上げチェック項目一覧（166）

本書における用語の使い方

売り手：事業承継としてのM&Aを行おうとする会社

買い手：M&Aにおいて売り手を買収しようとする会社

第 1 章

「磨き上げ」総論

第1 「磨き上げ」とは

　近年、日本の重要な課題として、これまで日本経済を支えてきた中堅中小企業の事業承継問題が大きくクローズアップされています。実際に、多くの中堅中小企業は、経営者の高齢化と後継者の不在という問題に直面しています。

　このような環境を受け、ここ数年は、この事業承継問題を解決すべく、国や自治体などが事業承継税制をはじめとした多様な支援策を打ち出し、金融機関やコンサルタント会社・アドバイザリー会社などの民間企業や、弁護士・税理士などの専門家が、積極的に相談業務を展開しています。

　さまざまな機関や専門家が関与する事業承継の実例が積み重なり、その経験の蓄積の中から、改めて事業承継の実行プロセスに入る前の準備段階の重要性が強く認識されるようになっています。

　「磨き上げ」とは、この事業承継前の準備プロセス（事業承継を円滑に実行するための事前作業）のことをいいます。

　事業承継には、主に、親族内承継（会社のオー

ナー経営者が自身の息子へ会社を承継するケースなど)、企業内承継（会社を幹部社員に承継するケース)、Ｍ＆Ａ（第三者承継、会社売買）の三形態があります。このうち、事業承継の対象となる売り手の企業にとって、最も注意深く事前準備をする必要がある形態が、Ｍ＆Ａです。

　Ｍ＆Ａは、親族内承継、企業内承継のような身内による承継ではなく、外部の第三者による承継であり、事業承継の可否・条件（株式譲渡対価の金額など）は客観的・合理的に判断されるため、買い手および買い手が委託した各専門家が厳しく売り手の調査・分析・評価を行います。したがって、それらに対応するしっかりとした事前準備が必要になります。

　本書では、将来的にＭ＆Ａによる事業承継を実行する可能性のある中堅中小企業を想定して、その中堅中小企業が検討すべき「磨き上げ」について記載しています。結果として、事業承継を検討するに際しての最も網羅的な磨き上げについて記述しており、事業承継の他の二形態（親族内承継、企業内承継）の場面でも、参考になる内容になっていると考えています。

第2 「磨き上げ」の内容

1 磨き上げの目的

(1) M&Aの阻害要因の除去

　磨き上げの主たる目的は2つあります。1つは、M&Aを実行可能にするための磨き上げです。売り手の株式の権利関係などの確認と整理、自社事業の中核をなす重要な契約や主要な取引関係の安定性の確保、決算書などの財務資料の適正化、コンプライアンス事項の充足など、M&Aの買い手が「(買収条件が折り合わないということではなく)そもそも買収できない」と判断せざるを得ないような状況を回避するための磨き上げです。

(2) 自社の強みの顕在化

　もう1つは、M&Aの買い手からよりよい買収条件を引き出すための磨き上げです。業務フローや販売・仕入条件の見直しによる損益の改善、遊休資産の売却などの財務内容の改善、財務諸表に表れない売り手の財産(大手企業との取引口座や顧客名簿など)・強みの顕在化などがこれに該当します。これらはいずれも売り手の企業価値の向上につながります。

(3) 調査・分析資料の充実

財務資料の充実、事業計画の作成、組織図の作成、契約書リストの作成と整備などは、実際のM＆Aプロセスにおける買い手の調査・分析を容易にします。

大手企業ほど「よくわからない」あるいは「わかりにくい」項目があるとM＆Aの検討を前に進めることができないため、調査・分析資料の充実は、売り手にとって買い手候補の選択肢を広げることになり、結果的によい買収条件を獲得する可能性が高まります。

2 磨き上げの対象

M＆Aの検討プロセスでは、一般的に買い手によるデューディリジェンスが実施されます。デューディリジェンスとは、買い手が売り手について調査・分析を行うもので、その結果をもって買収の可否（そもそも買収するかどうか）、買収条件（株式譲渡対価の金額など）が決定されます。

通常は、買い手自身に加えて、買い手が委託した弁護士・会計士・税理士などの専門家が、1か月程度の期間をかけて、売り手のあらゆる書類（各議事録、財務資料、帳票類、契約書など）を精査し、また、代表者を含む幹部社員へのインタビューを行います。

デューディリジェンスの範囲は、主に法務、会計・税務、ビジネスの3つの分野が中心になります（つまり、この3分野が会社を構成する重要な要素ということです）。

磨き上げは、最終的にはM＆A取引での成功（売り手にとってよい条件で会社を売却すること）を目的とするため、買い手のデューディリジェンスを意識して、磨き上げの範囲も法務、会計・税務、

ビジネスを対象に行います。

　本書でも、法務（組織・経営、人事・労務、コンプライアンス）、会計・税務（財務関連）、ビジネス（事業・取引関連）に分けて磨き上げの具体的な内容を記載しています。

3　磨き上げの手順

　まずは、「自社に関連する情報の整理とそれによる自社の現状の把握」になります。そして、「整理・把握された自社の現状を踏まえて磨き上げの具体策の検討と実行」をすることとなります。

　詳しくは第2章の各項目に記載していますが、前者は、自社（売り手）の現在の内容を目に見える形で整理（記録）することが1つの有力な方法で、たとえば、組織図、契約書リスト、取引先一覧、部門別損益などの作成がこれに該当します。

　後者は、把握された自社（売り手）の弱み（弱点）を改善し、逆に強みを際立たせることを目指します。自社の現状把握、磨き上げの検討と実行それぞれの局面において、必要に応じて、弁護士・会計士・税理士などの専門家のサポートを受けることも検討すべきです。

第2 「磨き上げ」の内容

磨き上げの手順

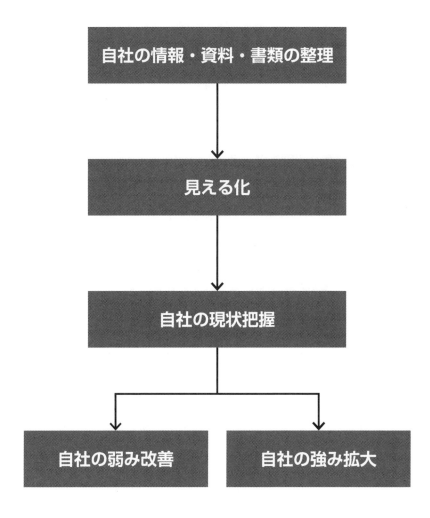

第3 「磨き上げ」における金融機関の役割

1 磨き上げのきっかけづくり

　磨き上げは、将来、売り手となる可能性のある企業と取引がある金融機関が積極的に関わるべきものです。磨き上げにおける金融機関の最も重要な役割は、中堅中小企業のオーナーに磨き上げという考え方・有効性を紹介して、当該企業が磨き上げに着手するきっかけをつくることです。

　Ｍ＆Ａのアドバイザリー会社や仲介会社が、事業承継ニーズのある中堅中小企業に関わるタイミングは、Ｍ＆Ａの具体的な検討が始まる直前となるケースがほとんどです。したがって、多くの場合、それらの会社が関与したタイミングでは、すでに十分な磨き上げをする時間がありません。その点、中堅中小企業と日常の取引で接点のある金融機関は、Ｍ＆Ａプロセスに入る前の、事業承継ニーズがまだ潜在的な状況で、磨き上げを提案することが可能です。

2 磨き上げのサポート

　磨き上げの主要な対象の1つとして、財務関連の磨き上げがあり

ます。また、ビジネス関連でも、主要取引先の分析や事業計画の策定、予実管理など、計数を利用した磨き上げがあります。これらは、金融機関が通常の与信審査・与信管理をするうえで得意としている分野であり、磨き上げを必要とする企業に対して、有効な方法を助言できるものと考えます。

　また、M&Aによらない事業承継である親族内承継や企業内承継においても、M&Aの場合ほどの必要性は感じられないかもしれませんが、磨き上げは必要であり、M&Aと異なり、アドバイザリー会社などの第三者のサポートがあまり期待できない、それらの承継形態においては、金融機関が磨き上げから承継プロセスまでサポートすることが期待されます。

3　買い手のサポート

　事業承継目的の中堅中小企業を売り手とした比較的小規模のM&Aの件数が増加するのに伴い、買い手も中堅中小企業となるケースが増加しています。金融機関にとっては、自らの取引先の中堅中小企業が、M&Aの売り手になるケースだけではなく、買い手になるケースも目立っています。

　仮に、金融機関が自らの取引先から、M&Aの買収資金の借入申込などをきっかけとして、M&Aを検討している事実を知り、あるいは、M&A取引の内容の妥当性について相談を受けた場合、磨き上げの知識を背景に、買い手である取引先に対して的確なアドバイスをすることが可能です。

　具体的には、M&Aの検討に際して、確認・調査・分析すべき項目に漏れがないか、あるいは、より発展的に、売り手の顕在化して

いない価値の可能性についても示唆できるかもしれません。

　金融機関は、取引先である買い手のＭ＆Ａによる失敗を未然に防ぎ、成功するＭ＆Ａを後押しする役割を担うことができます。

4　磨き上げの高度化と啓蒙

　金融機関は多くの中堅中小企業やそのオーナーと取引があり、それらの企業やオーナーから日常的に多くの情報を得ています。金融機関は、意識的に、取引先の企業やオーナーから自身が当事者となったＭ＆Ａの成功事例・失敗事例を収集・分析のうえ、体系化し、また情報を更新していくことで、磨き上げすべき項目や手法の新たな発見や高度化を主導することができると考えます。

　また、金融機関は多くの中堅中小企業に対して情報提供できる立場にもあります。経済成長が見込めない昨今の事業環境において、事業承継の問題に限らず、中堅中小企業は常に企業存続の危機に直面しています。

　磨き上げは、企業の弱点を補強し、競争力を高める行為です。金融機関は、磨き上げを取引先の中堅中小企業に紹介することで、それら企業の存続をサポートできるものと考えます。

第 2 章

「磨き上げ」チェック項目

第1 組織・経営を明確にしよう

　M&Aの交渉・検討の過程においては、通常、買い手によるデューディリジェンス（買収監査）のプロセスが入ります。

　デューディリジェンスは、買い手が売り手（買収の対象となる会社）の内容を精査する取組みです。デューディリジェンスの範囲としては、法務、会計（財務）・税務、ビジネスが主な対象となります。そのほかに情報システム（IT）、人事・労務（法務デューディリジェンスに含まれるケースが多い）、環境なども調査対象になるケースがあります。

　本項目における「組織・経営」に関しては、このうちの法務デューディリジェンスの範疇で精査されます。会計・税務デューディリジェンスやビジネスデューディリジェンスが、売り手の価値評価に重きが置かれているのに対して、法務デューディリジェンスでは、特に「株式と株主」、「会社の規程・規則」など、M&A取引自体が実行可能かどうかを検証することが中心になります。

たとえば、売り手のビジネスに充分な魅力があり、収益性もあり、高い企業価値評価が示されたとしても、法務デューディリジェンスで不備・瑕疵が確認されれば、M＆A取引自体が困難になります。

売り手・買い手間で企業の経営権譲渡の条件が合意に至り、双方ともM＆A取引の実行を望んでいるにもかかわらず、取引の実行ができないという非常に残念な事態は避けたいものです。

「現状でそもそもM＆A取引ができるかどうか」を検証し、M＆A取引が実行できる状況に持っていくことが、本項目の最優先のテーマになります。

1　株式と株主

　M＆Aの実行における最も一般的な手法は、株式譲渡です。

　株式譲渡は、現在の株主から新株主に株式を譲り渡すわけですから、譲り受ける側（買い手）としては、現在の株主がその株式の正しい所有者であるかどうかは、最も基本的なポイントです。

　また、事業譲渡や会社分割などの手法をとる場合も、売り手の株主総会の決議が必要になりますので、その点においても（正しい株主のもとで決定されたかどうか）、現在の株主が正しい所有者であることは重要です。

　株式と株主に関する確認と整理、不備があれば正しい状態に修正する手続は、弁護士や司法書士など法律専門家に積極的に支援してもらいましょう。

ポイント！
株券は発行されていますか？

　自社（売り手）は株券を発行していますか。

　平成16年の商法改正によって、定款に定めれば株券は発行しなくてもよくなりました。

　また、平成18年施行の会社法では、株券の不発行が原則となり、発行する旨の定めがない場合は不発行会社（株券のない会社）となります。

　ただし、（発行する旨の定めがない場合も）平成18年以前に設立した会社で定款に株券を発行しないことの記載がないときは、株券が発行される会社になります。そして、株券発行会社であれば、株主は株券を保有していることになります。

　上記のような経緯とそれを踏まえた自社への解釈（当てはめ）には、多少のわかりにくさもありますので、弁護士などの法律専門家のサポートも受けながら、まずは、自社（売り手）が株券を発行する会社なのかどうかを確認してみましょう。

ポイント！
株主名簿は作成・管理されていますか？

　株主名簿には、株主の氏名（名称）、保有株式数、株式の取得日、株券番号（株券発行会社の場合）が記載されています。

　株主名簿では、現在の株主を確認できます。株券の不発行会社では、株主名簿の記載事項の変更により、株主異動の手続となります。

第1　組織・経営を明確にしよう

ポイント！
株主の変遷を正確に把握していますか？

　設立時の株主から現在の株主に至るまでの株主の変遷を追跡して、整理してみてください。きちんと連続していますか。
　オーナー企業の場合、株主の変遷が一族内（個人間）にとどまり、比較的把握しやすいケースも見られますが、なかには同一オーナーのグループ企業間で（異動の意思決定が容易なため）株の異動がたびたび行われており、また、株式譲渡契約なども残っておらず（あるいはグループ内のためそもそも作成されていない）、株主の途中の変遷が把握できないケースが見られます。

ポイント！
株主の異動は正しい手続で行われていますか？

　設立時から現在までの株主の変遷が整理できた場合、次に検討すべきは、設立時の株主から現在の株主に至るまでの異動の手続が適正に行われたかどうかです。
　これは主に株式の譲渡制限との関係、株券の譲渡が実際に行われたかどうかがポイントになります。非上場企業の多くは自社株式に定款で譲渡制限をつけていますが、過去の株式異動の際に、必要な取締役会の承認手続を経ていない、あるいは承認を経ていても当時の取締役会議事録が残ってない場合もよくあります。
　また、株券発行会社だったにもかかわらず、実際は株券が発行されておらず、結果として、株式の移転時に株券現物の受渡しが行われていないケースも見られます。
　自社が「株式の譲渡制限を設けていた期間」「株券発行会社で

あった期間と株券不発行会社であった期間」をそれぞれ確認し、その時間軸の上に、株式の異動時に行われた手続を時系列で並べて、その都度の手続が適正であったかどうかを判断することになります。

ポイント！
名義株はありませんか？

　平成2年改正前の商法では、株式会社の設立には7名以上の発起人が必要とされていたことから、人数を充足するために発起人としての名義だけを借りて、株式の払込金は名義借用者が負担するケースがありました。

　設立時から時間が経過していると、株式の払込金の支払の事実を証明する書類が残っていないなど、真の株主を特定することが困難になります。また、発起人の人数を充足させる目的に限らず、何らかの事情で株主として名前が出ることを避けるために名義借りをしているケースもあります。名義株の有無の調査は、重要なポイントとなります。

　なお、名目的な発起人が発見された場合も、平成2年改正前の商法のもとで設立された会社はすでに設立後2年が経過していることから、設立自体が無効とされることはないと思われます。

ポイント！
株主の情報を把握していますか？

　もう一度、株主名簿を見てください。それぞれの株主についてどのような情報を持っていますか。最近、顔を合わせたことはありますか。

M＆Aを実行する際には、通常は、発行済全株式、少なくとも発行済株式の過半数超の株式の譲渡を買い手から求められます。したがって、売り手の現在の株主が複数に分散している場合、株主を集約する必要があります。集約の交渉をするためには、相手と普段から十分なコミュニケーションをとっているほうがスムーズですし、相手の事情を理解しているほうが有利です。

　個人株主（創業者一族の関係者、旧役職員など）については時間の経過とともに縁遠くなりやすく、転居により所在がわからなくなる場合や、相続などによりまったく会社と無関係な株主が生まれるなど、特に注意が必要です。また、現在は取引関係がなくなってしまった旧取引先株主も同様です。

　現在の株主の属性（法人の場合は基本的な会社の概要・業況、個人の場合は住所や職業、年齢など）を調べてみましょう。そして、面識のない、また最近会っていない株主とは、一度、面談してみましょう。

【株式と株主に関する磨き上げ】

　株式に関する瑕疵や不備が疑われる場合は、最優先で取り組むべき課題として、積極的に弁護士に相談して、治癒に努めましょう。過去、株券発行会社であった時期に株式現物の受渡しがなく、株主の異動があった場合は、たとえば、株式をいったん発行して当時の関係者間で改めて受渡しをするなど、弁護士からは何らかの治癒の方法が示されるはずです。

　一方、自社で主体的に取り組むべき事項は、現在の株主の分析と株主構成に関する磨き上げです。買い手の多くは、売り手の発行済株式の全部の譲渡を期待します。したがって、発行済株式全部の譲

渡が確実な場合は、買い手の候補の選択肢も広がり、売り手としてはよりよい条件で譲渡できる可能性が高まります。

仮に、発行済株式が創業オーナー1人や意思統一が容易なオーナーの家族に集約されていれば、問題ありませんが、他に株主が存在する場合は、株主の集約に取り組むべきです。

売り主（売り手の主要株主）が発行済株式のすべてを譲渡する前提で（想定で）買い手と交渉し、株式譲渡契約を締結した後に、他の株主に保有株式の譲渡の了解をとろうとして、譲渡金額で折り合いがつかず、時間がないため、売り主でいったん、割高な価格で他の株主の保有株式の買取りを余儀なくされたり、取引自体が頓挫したりするケースもあります。

特に、取引先（販売先）や疎遠な（あるいは折り合いの悪い）親族などが株主にいる場合は、自社の経営権譲渡の検討に入る前に、将来のM＆Aに備えて時間的な余裕のあるうちに時間をかけて自社株式の買取交渉にあたるべきです。

取引先（販売先）が株主であるケースでは、取引関係をテコに高い株価を要求してくることや、親族が株主のケースでは、感情的なもつれから、経済条件ではなくそもそも株式の売買交渉に応じないことなどが起こり得ます。

2　会社の規則・規程など

会社を経営し、また日常の運営をしていくうえでは、一定の秩序が必要で、そのために法令上の、またはその会社の取り決めたルールが存在します。ふだん、意識することは少ないかもしれませんが、M＆Aの準備に際して、改めて自社のルールについて検証して

みましょう。

　これらはいずれも自社でチェックした後、弁護士や司法書士にも検証を依頼し、変更や修正の必要がある場合はそれら専門家のアドバイスに従って、積極的に変更などの対応をしましょう。

ポイント！
定款は法令などに適合していますか？

　定款は、会社の意思決定機関（株主総会、取締役会など）や運営に関して最も基本的なルールを定めたものです。まずは、定款の記載内容が、現行の法令と適合しているか、また、会社の実際の意思決定機関や運営の状況と合致しているかを確認します。

ポイント！
会社の規則・規程は現行の運営と合致していますか？

　社内規則・規程は、会社が独自に定めるもので、どのような規則・規程を明文化するか、またそれぞれの内容も会社によって違います。一般的には、以下のものなどがあります。

①　会社組織に関するもの（例：取締役会規則、監査役会規則、職務分掌規程、稟議規程）

②　日常の業務運営に必要となる人事・労務関連のもの（例：就業規則、給与規程、退職金規程）

③　財務・経理関連のもの（例：経理規程）

　これらについても法令に適合しているか、現行の運営と合致しているかを確認しましょう。

ポイント！ 株主総会議事録・取締役会議事録は作成していますか？

　法令上開催が求められる会議体としては、株主総会、取締役会（取締役会設置会社の場合）などがありますが、自社では、株主総会、取締役会は適時に開催されていますか。また、議事録が作成され、保管されていますか。

　これらの議事録は、一般的にM＆Aの検討に際して行われる買い手のデューディリジェンス（買収監査）で精査されます。したがって、上記会議体の適時の開催、議事録の作成・保管をきちんとしましょう。また、招集手続、議事進行、議事内容などが、法令、定款、社内規則・規程に反していないか、検討しましょう。

ポイント！ 会社の現状と商業登記簿謄本との不一致はありませんか？

　商業登記簿謄本は、第三者が見ることのできる会社の基本情報です。記載内容と最新の会社の状況（株式、取締役など）との間に齟齬がないか確認し、必要があれば変更登記などの手続を司法書士に依頼しましょう。

【会社の規則・規程などの磨き上げ】

　上記に挙げた、定款、社内規則・規程、株主総会議事録・取締役会議事録、商業登記簿謄本は相互に整合性がとれているか、もう一度、照らし合わせてみましょう。

　M＆Aに際しての法務デューディリジェンスに耐えられるように、会社の規則・規程、各議事録などについて書面上、整合性がつ

くように、また、過不足がないように弁護士などの協力を得ながら整備するように努めましょう。

現状の整備ができたら、いったんファイルに綴じこみ、以降は、社内ルール変更の都度、当該ファイルを確認して、必要な変更手続をしていきましょう。

3 取締役

ポイント！
M＆Aにより退任する取締役・留任する取締役は決めていますか？

M＆Aにより会社の経営権が異動すると、通常、少なくとも取締役の過半数は、新株主（買い手）から派遣されます。したがって、M＆Aの検討に入る前に、現在の取締役のうち、経営権の異動時に退任する取締役と異動後も残る取締役を決めておきます。

仮に、創業者の親族など、具体的な職務がなく、報酬を受けることが目的で形式的な取締役になっている場合は、退任を促す必要があります。

一方、事業を継続するうえで重要な役割を担っている（キーマンとなっている）取締役は、残留を事前に説得しておく必要があります。

ポイント！
会社と取締役との取引関係はありませんか？

会社と取締役との間で金銭の貸借がある場合や取締役が関係する会社と売り手会社との間で取引関係がある場合は、当該関係の解消

や適正な条件への見直しなどを事前に行うことになります。

4　組　織

ポイント！
役職員の組織図は作成してありますか？

　役職員の管掌・職掌は整理され、それに基づく組織図は作成してありますか。組織図を作成し、各部署の役割を明確にしましょう。組織図は指揮命令系統がわかるように記載しましょう。また、各部署の責任者名のほか、各部署の職位別・職種別の人数も記載します。

ポイント！
各部署の責任者は適正に配置されていますか？

　組織図には必ず各部署の責任者を記載します。各責任者は社内で最も信頼できるメンバーでしょうか。

　通常、Ｍ＆Ａの買い手は売り手の人材の良し悪しを評価しようとしますが、主な評価対象は各部署の責任者です。各部署の実力は責任者に負うところが大きく、また物理的にあるいは守秘性からＭ＆Ａの検討プロセスのなかで、全従業員と個別に面接をして評価するのは難しいという事情もあります。

　したがって、各部署の責任者の評価をもってその部署全体の人材の評価と見なすことになります。特に重要な部署の責任者はキーマンといわれ、キーマンに関する評価は会社全体の評価に直結します。

第1　組織・経営を明確にしよう

　近時は、いずれの業界も人手不足が問題視されるなか、人材の確保を主要な目的の1つとしたM＆Aもふえていますので、社外から評価される人材を主要なポストに配置することの重要性は高まっています。

　かつてのM＆Aは、買収の前提条件として一定数のリストラを要求するケースもありましたが、最近はほとんど見られません。むしろ、近時は、一定数以上の従業員が買収後も継続して働くことを前提条件とするM＆Aがふえています。

　なお、人材の評価という観点では、営業部門、製造部門、研究開発部門などビジネスに直接関係する部署が注目されますが、M＆Aのデューディリジェンスの過程においては管理部門の人材もまた重要です。

　中堅中小企業の場合は、社内の人材が豊富とはいえないことから、営業部門や製造部門の責任者に優秀と考える人材を配置する一方、財務・経理、人事、総務などの管理部門の各責任者を軽視する傾向があります。

　M＆Aの買い手のデューディリジェンス（責任者へのインタビューもある）では、ふだんは、社内であまり目立たない、財務・経理（B/S、P/L、税務）、人事（労務）、総務（法務、コンプライアンス）などが、むしろ主要な調査対象になるため、将来、M＆Aが想定されるのであれば、早めに優秀な人材をこれら管理部門の責任者に配置して社内管理体制の整備・高度化を行うべきです。

ポイント！
各部署の役割は明確になっていますか？

　組織図上に示された各部署の役割は明確でしょうか。また、各部

署の人数・年齢構成は適正でしょうか。役割の不明確な組織の統廃合・人数・年齢構成を考慮した人員配置の見直しを検討しましょう。特に、高齢化が進んでいる部署は、業務の承継が確実になされるように次世代の配置・育成に留意すべきです。

また、近時、コンプライアンス体制が整備されているかどうかは組織上の重要な視点になりますので、営業部隊を牽制する機能を営業部から独立した部署として設置することも検討すべきです。

ポイント！
海外拠点（海外子会社・海外支店）について正確に把握していますか？

中堅中小企業のM＆Aにおいて、売り手の海外拠点の内容を正確に把握できない、あるいは売り手の現行の体制では海外拠点をコントロールする自信がないという理由から、買い手がM＆A取引を断念するケースも多くあります。

デューディリジェンスの過程で、海外子会社の財務数字が不正確と思われる事例や、海外子会社の経営陣が外国人や現地採用であった場合に海外子会社の資本傘下（自社の孫会社）あるいは支店と認識していた販売会社が海外子会社の代表者の個人資本の会社だった事例、海外での労務問題など、海外拠点を日本の本社から管理することの難しさを感じます。

海外拠点の経営は現地の人間に任せるのではなく、本社から経営陣を派遣すること、あわせて海外拠点を管理する部署を設けることが必要です。

また、役割の薄れた海外拠点は積極的に閉鎖するなどの対応も検討する価値があります。たとえば、海外子会社の清算や合弁事業の解消などは、手続や交渉の煩雑さはありますが、最終的には自社の

M&Aの選択肢を広げることになります。

5　業務フロー

ポイント！
業務フローを作成していますか？

　会社の業務フローを作成しましょう。
　M&Aでは買い手に対して自社のビジネスの概要を説明する必要がありますが、あらかじめ業務フローを作成しておけば説明が容易です。また、この機会により効率的かつ安全な業務フローへの見直しにも取り組みましょう。
　業務フローには、主な製品・商品、サービス種類別に、仕入先（仕入内容も）、（製造業であれば）製造場所、外注先、販売先を矢印でつなぐ形で記載します。自社の販売先がエンドユーザーでない場合は、エンドユーザー名も記載します。また、各製品・商品の取引の流れを示す矢印に取引量（金額）の情報も付記します。

ポイント！
業務フローの見直しは必要ありませんか？

　整理された自社の業務フローを改めて精査してみると、特定の仕入先や外注先への過度の依存や集中を発見するかもしれません。これまではボリュームディスカウントや納期などで無理のきく関係を享受してきたかもしれませんが、今後は、それら重要な仕入先や外注先の突然の廃業や取引条件の変更などのリスクが顕在化するかもしれません。

販売先も含め、取引先の分散は一度検討してみるべき項目です。一方、現状は取引先がむしろ分散し過ぎていると判断すれば一部取引先の集約も検討します。

なお、従来は、自社の事業の一部を外注化することによる事業の効率化が多く検討されてきましたが、最近は、むしろ重要な外注先の廃業などのリスクを考慮して、外注部分の内製化を図る例がふえています。この機会に、外注化すべきもの、内製化すべきものを改めて社内で議論してみてもよいでしょう。

また、自社内においては、工場や倉庫の統廃合、取引量の少なくなった製品・商品の取扱いの中止などを検討しましょう。

6　会社案内

ポイント！
会社案内・商品案内などは更新されていますか？

会社紹介パンフレット、商品やサービスのパンフレットなどの通常の営業ツールやホームページも可能な限り更新しましょう。これらは買い手にとって初期的な判断材料ともなります。

特に、ホームページは、買い手の社内関係者がシナジーを検討するうえで、最初に確認する情報のため、自社の最新の商品、サービス、顧客となる業界、営業エリアの情報を盛り込むなど積極的に対応しましょう。

ポイント！ 会社の沿革をよく理解していますか？

　この機会に自社の沿革も見直しましょう。創業の年月日、会社の設立年月日のほか、創業のきっかけを簡単に記載するケースもあります。

　企業が一定期間継続していることはその会社の潜在的な力量を示すものですし、「老舗」とはいえなくても一定の社歴を積み重ねてきた企業に対しては、買い手も敬意を払い、社歴そのものに有形・無形の価値を見出すケースもあります。

第2 財務関連を明確にしよう

　決算書などの財務に関する資料は経営数値が記載されていますので、M＆Aにおいては、初期段階のノンネームシートや企業概要書の重要なデータソースであるとともに、M＆Aの検討段階、買収監査、最終的な売買の意思決定および売買金額の調整に至るまで、M＆Aの各段階を通じて検討対象の中心となる資料です。

　財務についての検討の際に、決算書などに記載されている財務に関する情報が検討の対象になるのはもちろんですが、そもそも決算書が正しく作成されていなければ、そこに記載されている情報も信用が得られず、結果として、M＆Aの俎上に上らない、売買額が下振れする、M＆Aの交渉が不調に終わるといったことも起こります。

　つまり端的にいって、M＆Aにおいて、財務の磨き上げはその会社が売れるか売れないか、そしていくらで売れるのかに直結します。

　しかしながら、中小企業においては、上場企業のような会計監査の制度がありませんので、決算

書の完成度には会社によってかなり大きなばらつきがあるのが現実です。なかには、前期の決算書と当期の決算書とで整合していなければいけない項目が整合していない、貸借対照表と損益計算書などの財務諸表間で整合すべき科目が違っているなど、一見して明らかに信頼性に疑問が持たれる決算書もまま見受けられます。

過去に作成した決算書を、さかのぼって修正するということもできませんので、毎年の決算書を正しく作成する、決算書の内容を充実しておくということは、M＆Aの備えとして早期に取り組むべき重要な施策です。

いうまでもないことですが、財務の磨き上げと粉飾決算とは本質的にまったく異なります。

粉飾決算とは、あるべき会計基準などのルールを逸脱して、実態よりも決算をよく見せかける行為であるのに対して、財務の磨き上げとは、財務の管理体制を整え、会計基準に則って適切に決算書を作成するとともに、よりわかりやすく充実した財務情報を用意することだからです。

決算書の磨き上げについて取り組むべきポイントは、以下のそれぞれの観点に分類できます。

① 会計帳簿を整備し、証憑とともに適切に管理・保管する
② 会計基準に準拠し、より望ましい合理的な会計処理を適用する
③ 決算書を正しく作成し、記載の誤りをなく

④　決算書の記載内容を充実させる

ポイント！
会計帳簿は適切に作成・保管されていますか？

　会計帳簿は、決算書の作成の基礎となるものですので、会計帳簿が適切に作成されていなければ、正しい決算書も作成できません。ですから、M＆Aにおいて買収監査で買い手が決算書を調べる際には必ず会計帳簿が対象になります。帳簿の整備の状況や内容が整っていなければ、決算書についても信頼は得られません。

　また、買収監査で行われる帳簿や証憑などの調査は、内部管理体制や管理業務の具体的な流れを把握する手続も兼ねて行われます。

　つまり、財務の磨き上げは、同時に財務に関する管理体制や業務内容の整備にもつながります。

　会計帳簿には、下記のとおり法令によって保存期間が定められています。

会社法：10年間

法人税法：7年間

　整備・保管すべき会計帳簿については、会社の規模や業種などにもよりますが、主として次のようなものがあります。

① 仕訳帳（仕訳日記帳）

② 総勘定元帳

③ 補助簿

④ 預金通帳、当座勘定照合表、小切手帳控えなど金融機関との取引書類

⑤　証憑綴り、請求書控えなど
⑥　その他

上記のうち、①仕訳帳（仕訳日記帳）は、会社のすべての取引を発生順、日付順に会計仕訳によって記録した帳簿で、②総勘定元帳は、会社のすべての取引を勘定科目別に記録した帳簿です。

①と②は、会社の規模や業種にかかわらず、必ず作成・保管されていなければいけません。

③の補助簿は、①、②の帳簿を作成する補助となり、または①、②の一部を抽出、分類、整理することにより管理業務を補助するために作成される帳簿です。

主な補助簿としては以下のようなものがあります。

③-1：現金出納帳
③-2：預金出納帳
③-3：棚卸資産の受払い簿
③-4：得意先元帳
③-5：仕入先元帳
③-6：固定資産台帳
③-7：売上帳
③-8：仕入帳
③-9：経費帳

これらは、必ずしも作成が義務づけられているものではありませんが、適切に帳簿を作成し、経営管理を行うためには実務上上記のような補助簿を作成する必要が生じてきます。合理的な理由なくこれらの帳簿が作成されていなければ、決算書や帳簿に対して信頼が得られないばかりでなく、経営管理そのものが適切に行われていない、あるいは隠しごとや不正があると見られても仕方がありませ

ん。

④は、預金通帳など金融機関との取引内容に関する資料です。これらは財務情報の中でもとりわけ重要な現預金についての根拠資料となりますので、帳簿との整合性を確認するとともに、帳簿の保存期間にわたって整理保管しておくことが必要です。

⑤は、取引の際に交わされた請求書や領収書、計算書などを保管したものです。また、自社が発行した請求書などの控えも含みます。これらは、帳簿の根拠資料であるとともに、会社の外部の者がその取引の内容を理解するのに役立つ資料でもあります。

以上のほかに重要なものとしては、契約書・覚書などの綴りや、株券・預かり証などの証券類があります。また、決算業務の中で作成された資料についても、保管しておくべき重要な資料があります。

たとえば、実地棚卸を行った際の棚卸表や集計資料、保有する資産について時価評価を行った際の時価に関する資料や、帳簿に載っていない保険積立金や退職債務に関する資料についてなどです。

決算整理仕訳の根拠資料や、科目内訳書や申告書の作成過程で必要となった資料については、基本的に整理保管しておくことが必要です。

ポイント！
会計基準に準拠した合理的な会計処理をしていますか？

上場企業に適用されている会計基準は大変厳しく、また企業規模や内部管理体制の程度などの企業実体の面からも中小企業にそのまま適用するのは現実的ではありません。そのため、これまで中小企業においては、法人税法など税務上の取扱いを意識した会計処理が

もっぱら行われてきました。

　それに対して、近年では、中小企業の実態に合わせた以下のような会計基準（「中小企業の会計に関する指針」（以下「中小指針」という）と「中小企業の会計に関する基本要領」（以下「中小要領」という）が定められています。これらの会計基準は、中小企業の決算書の信頼性を高めるとともに、的確に財務状況を把握することを

主な相違点		中小要領	中小指針
想定対象		中小企業	
		中小指針と比べて簡便な会計処理をすることが適当と考えられる中小企業を主な対象としている。	とりわけ、会計参与設置会社が計算書類を作成する際には、本指針に拠ることが適当とされている。
国際会計基準との関係		安定的な継続利用を目指し、国際会計基準の影響を受けないものとしている。	これまでの国際会計基準とのコンバージェンスなどによる企業会計基準の改訂を勘案している。
各論の項目数等	項目数	基本的な14項目（税効果会計、組織再編の会計等は盛り込んでいない）	18項目（税効果会計、組織再編の会計等も規定）
	内容	本要領の利用を想定する中小企業に必要な事項を、簡潔かつ可能な限り平易に記載。	会計参与設置会社が拠ることが適当とされているように、一定の水準を保った会計処理が示されている。

税務上認められている会計処理の取扱い	実務における会計慣行を踏まえて規定。	以下の場合に適用できる。 ・会計基準がなく税務上の処理が実態を適正に表している場合 ・あるべき会計処理と重要な差異がない場合
＜例１＞ 有価証券の期末評価	取得原価を原則的な処理方法としている。	条件付きで取得原価を容認している（市場価格のある株式を保有していても多額でない場合など）。
＜例２＞ 棚卸資産の評価方法	最終仕入原価法を処理方法の１つとしている。	条件付きで最終仕入原価法を容認している（期間損益の計算上著しい弊害がない場合）。

(中小企業庁 『「中小会計要領」の手引き』より抜粋して編集)

目的としています。

　なお、それぞれの詳細な規定については下記を参照ください。

中小企業の会計に関する指針：日本公認会計士協会ホームページ
　改正「中小企業の会計に関する指針」の公表について（http://www.hp.jicpa.or.jp/specialized_field/main/20170317uj0.html）
中小企業の会計に関する基本要領：日本税理士会連合会ホームページ
　ジ「中小企業の会計に関する基本要領」の公表について
　（http://www.nichizeiren.or.jp/taxaccount/sme_support/guide/point）

M＆Aにおいて、その会社はいずれの会計基準に則って会計処理を行い、決算書を作成しているのか、そもそも然るべき会計基準に準拠していないのかは、買収対象の財務情報を検討する第一歩です。然るべき会計基準に準拠しているのかが明示されていなければ決算に対する高い信頼は得られないと考えるべきです。

　会計処理の適用と決算書の作成にあたって、これらの会計基準に準拠することにより、財務情報の信頼性が増すとともに、より的確に財務状況を把握することができるようになります。これらの会計基準に準拠している場合は、決算書にその旨を注記し、会計基準に基づいた決算書であることを明示すべきです。

ポイント！
決算書は正しく作成されていますか？

　決算書を正しく作成する、記載の誤りをなくすというのは、あまりに当然で、間違っている決算書などないだろうと思われるかもしれませんが、財務デューディリジェンスなどで、決算書に間違いが見つかることは頻繁に起こります。

　なかには、通常起こり得ないと思われるような初歩的な誤りが起きていることもあります。たとえば次のような事例です。

■合計が合わない、貸借が合わない■

　一般に、会計ソフトでは通常標準的な会計科目があらかじめ登録してあります。会計ソフトを導入するにあたっては、各会社に合わせて初期設定を行いますが、新しい取引が発生したり、事業内容が変わっていくことに対応して、新しい勘定科目をふやすことがあります。

　新しい勘定科目を会計ソフトに登録する際には、たいていの会計

ソフトでは、決算書を作成する際にその新しい勘定科目をどのように表示するのかを設定するようになっています。

　その設定がいい加減だと通常の試算表では問題なく表示されていても、確定年度の決算書を出力すると、その新しい勘定科目が表示されていないという現象が起こることがあります。結果として合計が合わない、貸借が合わない決算書が作成されてしまうということが起こります。

■**前期と当期の決算書で数字が整合しない**■

　会社の規模や業種を問わず、粉飾決算において、棚卸資産の計上額や会計処理が操作されるというのは、とりわけ多く見られる手法です。

　当然、買い手や買収監査の担当者などは棚卸資産についてはよく注意して見ることになるのですが、この棚卸資産の数字が前期と当期の決算書で整合しなかったり、B／SとP／Lで整合しなかったりというケースがまま見受けられます。

　もちろん、粉飾が行われているというのは論外ですが、それ以外にも次のような理由で不整合が生じることがありますので、決算書の作成にあたって留意するとともに、もし過去の決算書でそのようなことがあったと気づいた場合は、それについての説明を何らかの形で補足しておくべきです。

・貯蔵品などの科目について、棚卸資産に含めて計上する科目の範囲が、B／S、P／L、C／Rとで異なっている。または、ある年度からそれを変更した。

・在庫の評価替えや廃棄、処分損が生じた際の処理に何らかのミスないしは配慮不足があった。

　在庫のほかに、未処分利益（利益剰余金）でも同じような不整合

が生じているケースが見受けられます。

ポイント！
決算書の記載内容を充実させていますか？

今は、たいていの会計ソフトでは、試算表だけではなく確定決算の決算書も出力する機能が充実しています。税務申告や金融機関に提出するうえでは特に支障が生じていなくても、M&Aにおいてより信頼を得るのには、以下のように決算書の記載内容を充実させることが有効です。

（1）決算書の注記を適切に記載する、あるいは充実させる

中小企業では、決算書の注記がおざなりになっていることがまま見受けられます。

しかし、注記事項には中小企業であっても決算書を読むうえで欠かせない重要な情報がありますので、特にM&Aに備えるにあたっては適切に記載を行うべきです。

特に重要な注記事項の例としては以下が挙げられます。

① 準拠している会計基準
② 割引手形や裏書手形の残高
③ 貸倒引当金などの引当金の会計方針
④ 棚卸資産や有価証券などの評価方法
⑤ 減価償却の方法と減価償却累計額
⑥ リースの会計処理
⑦ 外貨建取引の会計処理
⑧ 消費税の処理
⑨ 発行済株式数
⑩ 自己株式や種類株の有無とその株式数

(2) 科目内訳書（勘定科目内訳明細書）を添付する

　決算書にはたいていは勘定科目内訳明細書が添付されています。法人税の申告にあたっては所定の様式により勘定科目内訳明細書の添付が求められていますが、この科目明細について、法人税の申告上最低限の科目しか明細が作成されておらず、明細が添付されていない科目が多くあったり、明細が添付されていても、ほとんどが「その他」でくくられていたりして参考にならないことが多くあります。

　これら科目明細で表示されていない部分を確認すると、その会社にとって好ましくない情報が見つかるケースは極めて多く、勘定科目明細が貧弱であると決算書の信頼性は低く見られます。勘定科目明細の添付にあたって留意すべき事項は、以下のとおりです。

① 貸借対照表上の勘定科目については原則すべての科目について科目明細を作成・添付する

② 預金、借入金、有価証券など金融機関との取引により計上されている科目については残高証明書を取得し、添付する

③ 棚卸資産については、通常大まかな内訳のみを添付し、詳細は「会社保存」とすることが一般的に多いが、詳細な明細は必ず作成し、求められた際には遅滞なく提示できるように備え置く

④ 固定資産台帳・償却資産台帳は必ず添付する。その際に、勘定科目ごとの小計欄を必ず明示し、貸借対照表との整合性が確認できるようにする

⑤ 仮払金、立替金、貸付金、仮受金、前受金などの主要な勘定科目以外の科目については往々にして科目内訳が添付されてないことが多く、しかも本業との関係性が薄い取引、不適切な取

引、資産性のない残高などが含まれているケースが非常に多いことから、そうした科目についても残高があれば基本的に科目明細を作成・添付する
⑥　損益計算書上の勘定科目については、人件費、地代、家賃、雑収入、雑費、雑損失などは必ず科目明細を作成・添付する
⑦　人件費については、損益計算書や製造原価明細書上の各勘定科目の残高との整合がわかるように科目明細を作成する
⑧　販売費および一般管理費の雑費については、金額の大きいもの、件数の多いもの、内容的に重要なものは可能な限り独立した科目で処理するか、決算書作成時に組み替えるなどする
⑨　営業外損益、特別損益項目については、固定資産売却損益など内容のわかる勘定科目で計上するか、雑収入、雑損失などの科目で計上した場合には必ず科目明細を作成・添付する

(3)　その他の添付書類

その他で決算書に添付されていると信頼性の向上につながる書類としては、以下のものが挙げられます。

①　キャッシュフロー計算書

資金収支の状況は、M&Aにおける重要検討事項の1つです。買い手は必ず資金収支についての検証と評価を行いますので、決算書にはキャッシュフロー計算書を作成・添付することはもちろんですが、事前に自社の資金収支の状況について把握をしておくことは必須です。

②　二期比較、年次推移の比較表

二期比較、年次推移の分析は、財務諸表の代表的な分析手法です。これらを決算書に添付することによって財務状況がより把握しやすくなり、決算に対する信頼性が高まります。

特に、あらかじめ二期比較を作成すると、年度により使用している勘定科目が異なったり、決算書上の科目の並びが変わっていたり、会計処理の変更があったりした場合にそれが一目瞭然にわかりやすくなります。

　後になって相手方から質問や指摘を受けるのに対して、事前にそのようなことがないよう整理して決算書を作成したり、注記を行うなど補足資料を用意したりすることは、とりわけ財務の理解を助けるとともに、相手方からの信頼を得ることにつながります。

第3 事業・取引関連を明確にしよう

　M＆Aにおいて、買い手が行う各種デューディリジェンスの中で、事業に関するデューディリジェンス、いわゆるビジネスデューディリジェンスは最も重要な調査といわれています。財務状況が素晴らしく、法務や財務の社内管理体制も万全の状態であっても、買収対象事業の将来性が見通せない状況にあったり、あるいは買い手の事業との親和性が悪く、買収によってお互いの取引先を喪失することが予見される場合には、当然ながら買収は断念せざるを得ないこととなります。

　事業や取引における磨き上げにおいては、まず、市場の動向や競合情報から、自社の商流や取引情報に至るまで、買い手が正確に評価できる情報を整備します。

　同時に、新規開設が難しい大手企業との取引口座を有している、あるセグメントの顧客を網羅的に囲い込んでいるなど、財務諸表には表れない思わぬ財産を発掘し、適切に買い手に伝えるための整理を行います。

1 事　業

　M&Aに臨む前に、自社の経営戦略や経営情報を明確にしておくことが重要です。そのうえで、事前に改善すべき事項は実施し、交渉が円滑に進むための基礎を固めます。

　事前の整理が不十分なままM&Aプロセスに進んだ場合、買い手は、収益に対して過度にリスクを見積もったり、経営管理の不十分さから多大な管理コストを上乗せして想定してしまいます。

　さらに、ごく一般的な質問事項に対して適切な回答ができない場合には、事業承継後の経営体制が大幅にテコ入れされたり、時には、内在する経営管理リスクが見通せないという判断で、事業承継自体が頓挫することにもなりかねません。

　以下、ビジネスデューディリジェンスへの対応を見据えて、自社の事業についての磨き上げにおける主要事項について述べます。

ポイント！
自社の事業の強み・弱みを把握していますか？

　自社の事業について、外部経営環境と内部経営環境の観点から整理しましょう。

（1）　自社を取り巻く外部経営環境の分析

①　マクロ経済の動向

　設備投資や新規出店のタイミングを大きく見誤らないためにも、経済動向について一定の理解をしておくことは常々重要ではありますが、買い手に説明する自社の事業計画をできる限り合理的なものとするためにも有効です。

一般的な数値や見通しのコンセンサスがどこにあるかを理解しておかないと、突拍子もない事業計画になりかねません。

人口動態、ＧＤＰ成長率、消費者物価指数、外国為替、株式市場などの指標などから必要なマクロ情報について自社なりに簡潔に整理しておきましょう。

たとえば、海外仕入れにおける為替相場の見通し、物販事業における物価上昇率の見通し、あるいは人件費の想定における賃金上昇などは中期計画の策定においては不可欠です。

② **事業が帰属する業界の市場動向**

イ 市場成長性

各事業が帰属する市場について、市場規模や成長率の推移を時系列（少なくとも直近5年程度）で整理しておきます。同時に、調査会社やシンクタンクなどによる業界調査がある場合、取得できれば望ましいでしょう。

ロ 政治的要因、技術的要因などが業界に及ぼす影響の考察

法制度の変更、技術革新による既存市場の大きな変化などについて、過去の推移、そして、今後の見通しについて、できる限り情報を収集し、自社なりに見通しを判断しておきます。

③ **業界構造の整理と分析**

以下について、自社の営業が有する情報（競合会社との商品・サービス比較など）を中心に整理します。

イ 業界の主な商流の整理

ロ 業界における各種ビジネスモデルの整理

ハ 主要プレーヤーの売上・利益・シェアの推移の整理

ニ 新規参入者や代替品・サービスのリスクの考察

外部経営環境分析において、業界構造の整理と分析は、自社の戦

略の差異性を理解するためにも有益です。

業界における自社と異なった商流やビジネスモデルを整理するとともに、主要なプレーヤーの業績動向を取りまとめ、自社の製品・サービスが市場において、成長傾向にあるのか、衰退傾向にあるのかを客観的なデータに基づき整理しておきます。

同時に、規模の異なる競合会社の収益分析から、自社の規模が成長した場合に、利益成長が見込めるのかなど、事業計画における数値の合理性の根拠を見出します。

さらに、自社の成長性や収益性における改善余力の有無を判断し、新たな事業モデルへの参入や商流の変更などがビジネスチャンスとなり得る場合には、事業計画に織り込めるか検討します。

(2) 自社の内部経営環境の分析

内部経営環境分析にはさまざまな手法がありますが、以下の2つの角度から整理しておきましょう。

① SWOT分析

現状把握としてのフレームワークとして最も一般的な手法です。内部経営環境の分析というより、内部と外部の総合的な経営環境に対する現状認識を、強み、弱み、機会、脅威の4つの視点から洗い出し、自社の現状を整理します。そのうえで、現状の経営戦略の妥当性を検討し、最善の経営戦略の策定につなげます。

② 収益性分析

各事業において、事業全体、および顧客ごとに、売上、販売単価、粗利、そして、営業利益（本社費などの共通部門費用を一定の考え方で各事業に配賦し控除した後の利益）を時系列（5年間程度）で分析します。同時に、過去の予実対比についても時系列（5年程度）を行います。

第3　事業・取引関連を明確にしよう

　上記収益性分析によって、各事業が継続に値すべきものか、成長余力はあるか、改善施策（商流の変更、一定の顧客への値上げ要請など）を検討し、戦略策定します。

【磨き上げのポイント】

　自社の経営戦略や事業計画が実現可能であるために、自社の経営環境の現状をできる限り客観的に理解し、説明できるように整理しておくことが重要です。

　同時に、自社の強みや弱みを明確にしておくことは、買い手から見れば、買い手の経営資源を用いて、強みの加速や弱みの補強を考えやすくなるため非常に有益です。

ポイント！
事業計画は作成していますか？

　事業計画は必ず作成しましょう。組織としての目的や取り組むべき課題の共有に対して有益であることはいうまでもありません。ただし、重要なことは、机上の空論的な計画ではなく、合理的で達成可能な計画であり、かつ組織として取り組む実行行為が伴うかです。よって、計画は作成するのみならず、実行過程の補足や結果を評価する仕組みが組織として整備されているかが、真に収益改善のためには重要です。

　Ｍ＆Ａに進んだ場合、相手方は必ず事業計画の有無を質問し、そして、事業計画の組織としての遂行能力を調査します。そもそも、事業計画が作成されていないと、過去数年間の事業実績の平均をとったり、最も経営成績が落ち込んだ年度の事業実績に目を奪われがちです。

さらに、事業計画が未作成ということは、事業承継後に、買い手が完全に経営管理を実施しないといけないと思うことになり、現在の業務執行者の格下げにつながる可能性もあります。

　事業計画は、会社の未来が書き込まれているといっても過言ではないため、必ず作成しましょう。

　事業計画は、単年度計画と中期計画の両方について作成し、取締役会などの意思決定機関において承認し、組織共有します。以下、各事業計画の主な内容、留意点について述べます。

(1) 単年度の事業計画

① 作成時期

事業年度の開始までに、1年間の事業計画を作成します。

② 作成機関・承認機関

事業部門ごとに現場の営業・生産状況をもとに作成し、全社として管理部などで取りまとめます。そして、会社の意思決定機関（取締役会など）によって承認し、議事に残すようにします。

③ 内　容

事業部門ごとに、部門戦略の明確化および重要な経営評価指標（KPI）の設定を行います。

　営業部門においては、売上、粗利、および部門営業利益（本社費などの共通部門費用を一定の考え方で各事業に配賦し控除した後の利益）を月次単位にて作成します。

　全社として、月次の損益計画、資金繰り計画とともに、年次の損益計画、資金繰り計画、および予想貸借対照表を作成します。

　単年度の事業計画では、根拠なく高い営業予算的な数値目標を計画とせず、市場成長や市場における競争状況、自社の組織状況を鑑み、実現可能で合理的な計画を作成することが重要です。

(2) 中期計画

新規事業の育成、研究開発、事業部門の統廃合や構造転換など、単年度での目的設定が曖昧になったり、効果の発現が見出しにくいものについて、中期計画において解決すべき経営課題として定義し、投入する経営資源と達成すべき目標を明確化し、組織として取り組む姿勢を鮮明にします。

① 作成時期

3年間の事業計画を、3年ごとに作成することが一般的です。

② 作成機関・承認機関

単年度の事業計画と同様に、事業部門ごとに作成し、全社として管理部などで取りまとめ、会社の意思決定機関（取締役会など）によって承認し、議事に残します。

③ 内　容

事業部門ごと、そして、全社として、取り組む課題と解決策（経営戦略）を明確に定義します。各課題の進捗管理の定量的な指標、および重要な経営評価指標（KPI）も設定しておきます。

事業部門ごとに、損益計画、資金繰り計画、および予想貸借対照表を年次単位にて作成します。

全社として、損益計画、資金繰り計画、および予想貸借対照表を作成します。

ポイント！　予実管理は行われていますか？

事業計画が作成されたとしても、作成しただけにとどまっていては意味がありません。事業計画の進捗を組織的に管理するために、計画（予算）と実績の差異分析をしっかりと行い、進捗に遅れが生

じている場合には対応策を策定、実行する体制が整備されているかを確認します。

予実管理において重要な視点は、以下のとおりです。

（1） 会議体と頻度

取締役会や経営会議など全役員が出席する会議体において、単年度の事業計画については月次にて、中期計画については半期ごとをめどに進捗管理を実施します。

（2） 内容と記録

計画と実績の差異についての分析を行い、遅れが生じていたり、見込みが間違っていた場合には対応策を策定し、実行します。また、議事は記録として残しておくようにします。

上記が実行されているか確認し、行われていない場合には会議体を整備し、組織運営が根付くようにします。

予実管理が適切に行われていることは、市場や競合の変化などによる業績悪化のサインをいち早く経営が把握し、迅速な対応の実行につながるため、経営の安定性が増してきます。

ポイント！
営業状況・取引先（顧客）・仕入先の情報管理はどうなっていますか？

（1） 営業状況の情報管理

現場の営業情報は、何より有益な経営情報となります。以下の情報について、適時、組織共有し、経営戦略に活かせているかを確認します。

① 既存顧客とのコンタクト履歴・商談状況・離脱状況を把握しているか

② 新規顧客へのアプローチ状況について把握しているか

③ 競合商品および競合商品との差異(価格、品質、納期など)の情報を有しているか

顧客とのコンタクト履歴(いつ、何を、誰に提案し、成約の可否、その理由を情報として蓄積)を適時網羅的に確認することができれば、変化する市場や競合状況の適時把握につながるとともに、現状の製品コンセプト、価格、広告戦略などの是非の重要な判断の基礎となります。

上記営業情報について、たとえば、営業情報管理システムの導入などによって、適時情報を管理できる仕組みを整備するとともに、月次の予実管理において、特筆すべき情報を経営層に共有するようにします。

(2) 取引先(顧客)および仕入先の情報管理

取引先および仕入先の情報を整備しておきます。自社の事業継続の観点からも不可欠であるとともに、M&Aプロセスにおいては、相手方が自社の取引先に思わぬ魅力を見出す可能性もあるため、網羅的に情報を整備し、さらに定期的に更新する体制を整えます。

情報管理や取引状況について以下の情報を整備します。

① 取引基本契約書の締結の有無と有効性の確認

現在の取引先と仕入先について、それらの取引が有効に継続する契約がなされているか、取引の基本的な条件を記載した取引基本契約書の締結の有無を確認します。

特に現在の事業に不可欠な主要な取引先については、取引基本契約書が作成されていない、もしくは有効期限切れとなっている場合には、有効な契約の締結および契約書の作成を行います。

② 受発注の証憑の確認

受発注に関わる証憑について、その有無と管理状態について確認

します。受発注の方法、取引内容、納品・検品の方法、請求・決済の方法などについて、取引基本契約書とあわせて、実態を確認します。

中小企業では、口頭発注で、納品書・請求書が唯一の証憑となっていることも多く、このような場合には、受発注書の整備を行う一方、難しい場合には受発注の記録簿を付け、各担当者の属人管理とならないように組織管理するようにします。

③ 取引先の基本情報および財務情報

基本的な会社情報（担当者連絡先など含む）が最新の状況でリスト管理されているようにします。同時に、相手方の財務情報も可能な限り整備します。これは、取引の与信管理につながるため重要です。

取引開始前の相手先の審査方法や、取引の与信枠の設定について、合理的な説明が求められることがありますので、主要な取引先については財務情報を整備することが望ましいといえます。

また、直接の取引先が単なる帳合先の場合には、可能な限りその先の実質的な取引先を記載しておくようにします。取引先情報は、Ｍ＆Ａにおいて思わぬ価値（買い手によるクロスセルシナジーなど）が発見されることが多いためです。

④ 支払遅延の有無、クレームなどの確認

取引先の財務の健全性や取引自体の安定性を図るため、支払遅延やクレーム情報について整備します。

ポイント！
研究開発一覧は整備されていますか？

研究開発は、中長期的な成長の土台を形成する要素である一方、

成果に結びつかなければ会社の損失にもつながります。研究開発の一覧整備をし、その状況が把握できるようにしておきます。

また、M＆Aプロセスにおいては、研究開発の内容が思わぬ評価につながることがあります。相手方に開示する内容は限定的なものとなりますが、磨き上げの段階においては、経営陣が研究開発の状況を把握し、継続の可否判断などを適切に行える環境整備を行います。

研究開発の一覧としては、以下の情報を整備します。

(1) 一覧の対象

終了したプロジェクトから現在有効なプロジェクトまですべて網羅します。

(2) プロジェクトの概要

目的、概要、期間、予算、責任者、想定する事業化モデル、現在までの概況、プロジェクトの成否（終わったプロジェクトについて）を記載します。

2 取引関係

取引先、仕入先の情報管理にとどまらず、各取引の内容についても情報管理を行います。取引量の状況把握にとどまらず、各取引の合理性について判断できる情報整備が望ましいといえるため、以下のポイントについて整理します。

ポイント！
主要販売先の売上推移・利益状況・取引内容はどうなっていますか？

以下について情報を整理します。

（1）　販売先の対象取引先

部門ごとと全社において、取引先上位20社程度。

（2）　期　間

過去5年間。

（3）　管理対象数値

取引商品・サービスの内容、販売個数、販売単価、売上高、粗利額。

（4）　その他

決済条件、値引き・リベート・返品の状況。

　上記情報を時系列で比較することで、取引先動向を把握し、合理的な事業計画の策定につなげます。同時に、収益改善の検討やガバナンスの強化に向け、以下の現象がないかチェックします。

① 赤字取引を余儀なくされている先はないか
② 理由もなく、販売単価や決済条件が優遇されている先はないか
③ 理由もなく、取引与信が大幅に与えられている先はないか
④ 同じ販売先から仕入が起こっている場合、それぞれの取引は取引基準を逸脱していないか
⑤ 不必要な帳合先を利用した取引はないか

該当事項があれば、その背景や理由を慎重に確認したうえで、対処することへの障害がないと判断すれば、取引の打切りも視野に入れながら取引条件の改善を求めたり、商流の簡素化や取引の集中化なども検討することによって、自社の適正な利潤獲得に努めます。

ポイント！
主要仕入先・業務委託先の取引金額推移、取引継続の可能性、代替可能性はどうなっていますか？

　主要販売先と同様に、主要仕入先・業務委託先についても同様の情報整理を行っておきます。仕入先においては、仕入商品の品質についての情報も把握できるようにまとめます。そして、何らかの不合理な取引があれば改善に着手します。時には、仕入先を取りまとめて数量を増加させることで、価格低減や仕入業務の軽減に取り組むことも有益です。

　一方、主要仕入先については、代替となる仕入先の有無を確認しておくことも重要です。万が一、依存している仕入先が倒産したり、大幅な値上げを要求してきた場合に、事業が立ちいかなくなるリスクを最小化しておくためです。

　大手企業の場合には、複数購買の仕組みの導入ができますが、中小企業の場合、取引量の観点から実現は容易ではないため、常に代替仕入先を確保しておき、いざというときの迅速な切替えができるように、取引条件などについて定期的に情報交換しておくことが重要です。

　また、仕入在庫の水準についても、仕入先との取引関係からチェックしておくことが重要です。過大な仕入による在庫は財務を悪化させることのみならず、その背景には業者との癒着などコンプライアンス上の問題が隠れている場合もあるためです。

ポイント！
グループ間取引の損益はどうなっていますか？

　収益実態のより正確な把握とガバナンスチェックの観点から、グ

ループ間取引に関する情報について以下の内容を整理します。

(1) 対象となる取引相手

恣意性が生じやすい以下の相手先について、情報整理します。

① 親会社
② 自社の株主である会社
③ 子会社
④ 関連会社
⑤ オーナーや役員の実質支配会社

該当がなければ整理の必要はありません。ただし、上記「⑤オーナーや役員の実質支配会社」は、オーナーや役員が個人で資本支配していなくとも、親族や友人などが資本の過半数を有している、代表者や役員の過半数が親しい関係である、あるいは自社やオーナーからの相当な貸付がなされている、自社との取引が重要な割合を占めているなどの観点から、つまり、影響度の大きさを判断し、整理します。

M&Aプロセスにおいては、相手方はコンプライアンスの観点から非常に気にする取引になるので、社内整理の段階としては広くリストアップしておきましょう。

(2) 対象となる取引の種類と内容

対象となる取引相手との取引について、以下の種類ごとに整理します。

① 商品・サービスの仕入・販売（単価、数量、売上、売上原価、粗利など）
② 資産の購入・売却（取引理由、取引金額、取引条件の根拠など）
③ 資産の貸借取引（取引理由、取引金額、取引条件の根拠な

ど)

④ 業務委託取引（取引理由、取引金額、取引期間、取引条件の根拠など）

⑤ 資金の貸借（取引理由、取引金額、取引期間、取引条件の根拠、返済の状況など）

⑥ 出資（取引理由、出資額、株価の根拠など）

⑦ 保証（保証理由、保証内容、保証料などの授受の有無など）

(3) 対象となる取引規模と期間

　全取引を対象とするのは困難であるため、自社の売上規模などから判断し、たとえば、100万円以上、あるいは自社売上の1％以上などの閾値を設定し、過去5年間について整理します。

　上記情報を整理し、収益実態を把握するために、できれば自社の簡易な連結損益を作成します。グループ間での取引によって、売上が実態以上に嵩上げされていたり、グループ内の未実現利益を多額に有していたりする場合には、自社の実態収益や成長性に対して、第三者からの評価と大きく乖離することもあります。

　また、グループ間の取引が、第三者との比較において大きな差異があるか確認します。市場価格のある商品・サービスをグループ間取引している場合において、ボリュームディスカウントなどの特段の理由なく大幅に市場価格から値引きしている場合には、適切な収益把握を妨げるのみにならず、グループ間での利益の付替えがなされているとみなされるなど税務上の問題が生じるおそれも有しています。

　このようなリスクを管理するため、定期的に取引内容をモニターする仕組みを整備することが重要です。

ポイント！
オーナーやオーナー親族への役員報酬、その他費用はどうなっていますか？

　中小企業では、オーナーやオーナー親族との報酬などが、不適切な状態になっていることも少なくありません。また、その他の公私混同的な費用付替え取引なども散見されます。そのような状態の有無をチェックし、改善するようにします。

　主なチェック事項は、以下のとおりです。

① 役員報酬が業界や会社規模、利益の水準に対して、あまりに高額になっていないか

② 実体のないオーナー親族や近親者に不適切な報酬・給与が支払われていないか

③ 過去の退職役員に、法外な役員退職慰労金が支払われていないか

④ オーナー一族の個人使用の経費が会社経費になっていないか（交際費、自家用車、自宅、自宅の水道・光熱費、個人旅行など）

⑤ 会社資産、設備の不適切な個人利用がないか

⑥ オーナー一族への不適切な資金貸付や仮払金はないか

　上記を確認するため、まずは、取引一覧を過去5年間程度において作成し、その内容について、必要に応じて、税理士や弁護士に相談しながら、適正性の判断および改善策の実行につなげます。

第4 税務関連を明確にしよう

　税務関連の情報は財務情報の一部ですが、その中でも特に重要性の高いものの1つです。税金の支払は、企業の事業活動の中でも特に重要な支出であるとともに、申告書などの税務申告に関する資料は、決算書の信用の裏付けという意味合いもあります。

　また、適切な申告、納付が行われていない場合、M＆Aの後に税務調査などによってそれを指摘されると、思わぬ負担が生じるリスクもあります。

ポイント！
税の申告書控えはきちんと保管されていますか？

　中小企業の決算書は、上場企業に比べて信用の裏付けが弱いため、法人税や消費税の申告書は決算書の裏付け資料として重視されます。誰でも税金はできるだけ払いたくありませんが、利益がより大きくなれば支払う税金もそれに従って多くなります。

　したがって、申告書の利益と決算書の利益が整合していれば、そ

の利益は税金の裏付けがあると考えることができます。

　加えて、法人税や消費税などの申告については、一定の割合で税務署や国税局の税務調査が行われます。申告内容が適切でない場合、税務調査において指導されたり、修正申告をしたりしなければならなくなりますので、そうした意味でも税務関連の資料は決算の信頼性の判断材料の1つとなります。

　申告書を提出した際には、申告書の控えに受付印が押されます。あるいは、電子申告の場合には、申告書のデータを受信した旨の受付通知が送信されます。これらによって、その申告書が確かに実際に提出されたものであることが判断できるとともに、適切に申告期限内に申告が行われたかどうかも確認することができます。

　したがって、申告書の控えを保管するにあたっては、必ず受付印の押されている該当ページ、あるいは電子申告の場合には申告書の受付通知もあわせて保管する必要があります。

　通常、法人のM＆Aにおいて主に確認の対象となるものは次のとおりです。

　・法人税の申告書
　・法人住民税の申告書
　・消費税等の申告書

　それぞれの申告書には申告の内容により別表や添付書類などが一緒に提出されますので、それらもまとめて整理して保管する必要があります。

　なお、会社法で決算書の保管期間が10年と定めてあることはすでに述べましたが、決算書の信用の裏付けということを考えると、上記の申告書についても決算書と同様に10年分は保管すべきです。

第4　税務関連を明確にしよう

ポイント！
申告に要した関係書類はきちんと整理保管されていますか？

　法人税や消費税などの税金の申告にあたっては、それぞれの会社の規模や業種、選択している会計処理などにより、課税対象となる金額の計算方法や申告の仕方などが異なったり、一定の条件を満たすことにより優遇を受けられることがあります。

　Ｍ＆Ａの検討にあたって、そのような申告の内容を確認することは、対象となる会社の税務申告に関係する業務内容の把握や税負担の状況の確認ということに加え、Ｍ＆Ａの後、申告内容や税負担に何らかの影響が生じるかどうかを検討するという意味もあります。

　そのような申告内容の確認にあたっては、税務署などに過去提出している届出書や申告書とそれらに付随して提出されている添付書類、あるいはそれらの書類を作成する際に要した作業の準備資料などが整理して保管されている必要があります。

ポイント！
納税額の一覧表を作成していますか？

　法人税や消費税などは、申告書を提出することによって納税額が確定しますが、確定した税額は期限内に納付しなければいけません。

　また、申告書は申告期限内であれば再度出し直すことができますし、申告期限の後でも修正申告を行うことは可能です。したがって、本当にその申告書が最終的に確定したものであるかを確認するためには、納税額まで確認する必要があります。

　適切に申告、納税が行われていないと、もし税金の納付漏れがあ

れば、M&Aの後で買い手側に予期せぬ負担が生じるおそれがあります。

通常、納税額の確認は、領収済み印のある納付書の控えや、税金が納付された金融機関の口座と申告書とを照合することによって確認します。より厳格に確認を行う必要がある場合には、納税証明を取得して確認を行うという方法があります。

税務に関する事前の磨き上げとしては、申告書とその決算における納税額の一覧表を作成しておき、それとともに各税目の納付書の控えをあわせて保管することによって、会計帳簿において、発生した税額とその納税が適切に記帳されていることがわかるようにしておくことが必要です。

ポイント！
税務調査と修正申告の履歴は作成していますか？

過去の税務調査や修正申告の履歴は、その会社の経理の体制や決算、申告の精度などを計るとともに、M&A後の税務リスクを判断する材料となります。

税務調査については、調査以外の税務署などからの問い合せなども含めて記録する管理簿を作成しておくべきです。

税務調査の記録としては、日付、実施日数、調査官の部署と職位、人数、実施された手続などの調査の概況と、調査で指摘された事項、税務署との協議内容、指導事項や修正申告の有無などの調査のてん末などを記載するようにします。

税務調査で修正申告や指導事項などがあった場合には、調査後の改善状況などについても把握しておくようにしましょう。

また、税務調査は、会社によっては一定の間隔を置いて定期的に

行われることもあります。過去の税務調査がどの程度の間隔を置いて行われているかも重要な情報ですので、あらかじめ確認しておきましょう。

ポイント！
税務リスクに備えた処理を心がけていますか？

税務リスクとは、端的にいえば、税務調査などにより指摘や指導を受けて、追加して納税負担が生じたり、経理処理や決算業務において作業負担が生じるリスクをいいます。また、Ｍ＆Ａの後で、それ以前において行われていた適切ではない会計処理や税務申告の手続を改めることにより、想定されていたよりも税負担が大きくなるといったことも、広義の税務リスクといえます。

税務リスクには、たとえば、棚卸資産を意図して適切に計上していないなど、不適切な処理による税務リスクもあれば、不良在庫や信用不安のある取引先に対する営業債権の評価減を行った場合など、会計的には望ましい処理であるけれども税務の取扱上は否認されるおそれがあるというリスクがあります。

また、税務調査においては、会社側が税務的に適切な処理をしていると考えていても、調査官が不適切と判断するという「見解の相違」によって思わぬ税負担が生じるケースもありますので、必ずしも過度な節税や脱税をしている会社や税務申告に対する意識の低い会社、税務・会計に関する業務の精度が低い会社でなくても税務リスクはある程度存在します。

その一方で、税務リスクには、税務調査がずっと行われなかったり、税務調査が行われても問題が疑われる事項について調査官が指摘をしなかったり、指摘を受けても今後の改善指導で済んでそれ以

前についての追徴がなかったりというように、リスク要因があってもたまたま納税負担が発生しないで済むこともあれば、想定していない事項について指摘されて修正申告が求められたり、重加算税や延滞税がかさんだりなど、想定外の税負担が生じることもあり、偶発的な性格があります。

このように税務リスクには偶発債務の性格がありますので、事前にリスクの有無や程度を正確に評価するのには限界があります。そうしたことから税務リスクについては、微妙な判断を要する会計処理は避けてシンプルで明瞭な処理を心がけるとともに、帳簿や関連資料を整理して、税務調査でできるだけ指摘を受けることのないような、あるいは税務調査が行われても指摘を受けないだろうと思わせるような処理や体制を整えることが磨き上げの心得です。

特に中小企業において税務調査の心証に影響をするのが、経営者の公私の混同と、申告・納税に対する経営者の姿勢です。むやみに私的な支出を会社に負担させたり、過度な節税を行っていたりする行為は税務リスクを高めることにつながりますので、心して慎むべきです。

第5 法務関連を明確にしよう

　M＆Aの検討過程に設定される法務デューディリジェンスでは、先に触れた組織・経営（株式、株主関係を含む）のほかに、契約書関連、不動産などの重要な資産、知的財産権、許認可、訴訟などが調査の対象となります。法務デューディリジェンスは、一般的に買い手が委託した弁護士によって実施されます。

　中堅中小企業が売り手となるM＆Aでは、法務デューディリジェンスの結果、軽重さまざまな瑕疵や不備が発見されます。これは中堅中小企業に人材の余裕がなく、管理部門の体制が弱いことに加え、遵法性・適法性に関する一般的な感覚と法律の専門家による厳しい基準との間に大きな乖離があるためです。したがって、売り手としては、M＆Aのプロセスに入る前に、来るべき法務デューディリジェンスに備えて、可能であれば弁護士による自社の法務関連事項のチェックを受けることが望ましいと考えます。

　本項では、法務関連の主要な項目について、留

意点と磨き上げのポイントを記載しています。

なお、法務デューディリジェンスの一環として調査されることが多く、近時、特に注目されている「人事・労務」ついては、次の「第6　人事・労務関連を明確にしよう」に記載しています。

1　契約書

ポイント！
契約書はきちんと整理保管していますか？

　自社が締結している契約書（現在有効なもの）はファイリングしてきちんと整理していますか。

　中堅中小企業では、契約書が、それぞれの担当者や担当部署で、各人、各部の個別のルールに基づき個別に管理されているケースが多く見られますが、契約書は総務部など1つの部署で原本を一括保管して、各担当部署ではコピーでの保管とする整理の仕方もあります。

　契約書を一括管理する部署は、契約書を分野別にファイリングしたうえで、契約書リストを作成して管理します。契約書リストには契約書の表題、相手先、契約内容、自社の担当部署などを記載しますが、特に重要な項目は契約日と契約期間です。

　M＆Aの買い手がデューディリジェンスをすると、契約日がブランクの契約（結果として契約期間が不明確）、契約期限を超過しているにもかかわらず更新手続がされていない契約などが発見されま

す。契約書リストを活用して、契約期間、更新時期の管理を徹底しましょう。

ポイント！
契約書に不備はありませんか？

　契約書リストを作成すると、契約書の不存在（取引があるのに契約書がない、最新の取引条件に合致する契約書がない）に気づくこともあります。

　契約書の不備は、通常、時間をかければ治癒できるものがほとんどのため、実際のM&Aの検討プロセスに入る前に対応しておきたい事項です。

　また、更新がされていない契約書や契約書の不存在は、相手先との関係悪化やトラブルが原因のケースもあるため（その情報が担当者あるいは担当部署内にとどまり、経営層に報告されていない場合も）、その点においても経営者としては契約書リストの整備に関心を持つべきです。

　また、問題となっている契約（自社または相手方が債務不履行になっている契約など）を別途リスト化することや、M&Aの実行に備えて、各契約書のチェンジオブコントロール条項（M&Aなど会社の経営権の異動があった場合に契約が解除されるなど、M&Aの実行が契約関係の継続に影響を及ぼす条項）の有無なども確認できれば、より有用なリストになります。

2　不動産など

　会社は不動産を事務所、営業所、店舗、工場、倉庫などとして使

用しており、多くの業種で不動産が事業上の重要な資産となっています。したがって、不動産は、M＆Aのデューディリジェンスにおいても注目されるポイントになります。

不動産の使用権限としては、大きく所有と賃貸に分けられます。ただし、なかには土地を賃借して（借地）、建物を所有しているケースもあるでしょう。

ポイント！
所有不動産についてリストの作成、関連書類の整理などを行っていますか？

① 所有不動産リストの作成

所有不動産の状況一覧（物件名、用途、所在地、敷地面積、延床面積、建物概要、固定資産税評価額、簿価、取得年月日など）の作成が、所有不動産の管理・整備の第一歩です。

② 関連書類の整理

所有不動産に関する書類を物件ごとに確認して整理をしたうえで、リスト化して保管します。関連する書類としては、不動産登記簿謄本、公図、地積測量図、権利証、検査済証、不動産取得時の売買契約書、隣地との筆界確認書、固定資産台帳、固定資産税・都市計画税の課税明細書などがあります。

不動産登記簿謄本や固定資産台帳と現物との間に相違がある場合（登記漏れ、除却漏れなど）は、必要な修正をします。

③ **法令違反の有無と瑕疵の確認**

所有不動産について、建築基準法や消防法、各物件所在地の自治体の条例への違反の有無を確認します。建築確認申請後に申請と異なる改築を行い、違法状態になっているケースもあるかもしれません。まずは、現状の把握に努めましょう。これらは不動産鑑定士な

第5　法務関連を明確にしよう

どに依頼するとスムーズです。

　また、土壌汚染、アスベスト、PCB、地中埋設物などがないか確認します。特に、工場や古い建物は、要注意です。これらの調査は建設会社や環境コンサルタントなどの専門会社に依頼することになるでしょう。

④　現況確認

　本社ビルなど日常の出入りのある不動産は現況を把握できていますが、ふだん見ることのない遠隔地の不動産は定期的に実査して現況を確認しましょう。

　不動産の実査の際には、隣地との境界がはっきりしているか、越境物がないか、修繕が必要な個所がないかなども確認します。

⑤　設備投資計画の策定

　使用状態を一定レベルに保つため、あるいは適法性を確保するため、また危険を回避するため（耐震など）の修繕や設備投資を検討して、可能であれば、建設会社などに見積もりを依頼して、設備投資計画、予算の見通しを立ててみましょう。

ポイント！
賃借不動産の契約一覧は作成・管理していますか？

　賃貸不動産（建物賃貸借、土地賃貸借など）は、賃貸借契約の一覧（目的物、所在地、所有者、敷金・保証金、賃料、賃貸借期間、利用状況、相手側窓口などを記載）を作成して管理します。

　特に、賃貸借期間と当該不動産で予定している事業期間との間に差異がないか確認し、必要があれば期間の延長などの交渉をしましょう。

　期間の延長交渉などを検討するに際しては、弁護士などの専門家

の協力も得ながら、事前に対象となる賃貸借契約が期間の延長や更新の容易な契約かどうか(たとえば、定期借地契約などは更新を前提としていない)を把握しておきましょう。

なお、賃借不動産が、店舗などの事業上の重要な拠点である場合は、不動産の所有者と定期的にコミュニケーションをとって良好な関係を築き、不動産所有者とのやりとりは必ず交渉記録を残しましょう。

また、賃借不動産の担保設定状況など、自社の賃貸借の権利に影響を与えそうな事項についても不動産登記簿謄本を確認するなどして情報の収集に努めましょう。

ポイント!
リース資産、レンタル資産の契約一覧は作成・整理していますか?

リース資産、レンタル資産は、契約条件一覧(物件名、所在、期間、残債、支払予定などを記載)を作成して管理しましょう。時間の経過とともに車両や通信端末などは支店間で移動しているケースも多く、定期的に所在の確認もしましょう。

【不動産の磨き上げのポイント】

(1) 賃借不動産

賃借不動産は通常、建物オーナーが修繕などの費用を負担すべきオーナー工事部分とテナントが同費用を負担すべきテナント工事部分に分かれます。

M&A取引検討時のデューディリジェンスに際して、賃借不動産(自社が建物の借り手)に修繕の必要性が発見された場合、テナント工事部分であれば、経営権譲渡前に売り手の負担で修繕すること

や譲渡対価から修繕費用を控除するなどの方法がとれますが、修繕箇所がオーナー工事部分の場合（たとえば、雨漏り対策の屋上張り替え工事、水漏れ対策の配管工事など）は対応に苦慮します。

　M＆A取引の交渉は時間的な制約がある一方で、建物オーナーとの修繕交渉は時間のかかるケースも多く、結果的に、M＆A取引の実行を優先するために、オーナー工事部分にもかかわらず、テナント側（売り手）で修繕費用を負担するケースも見られます。

　このような事態を避けるためにも、普段から建物修繕の必要性は定期的に現場から経営層に報告するようにしたうえで、建物オーナー側とは時間の余裕を持って、修繕の交渉をするように努めましょう。

（2） 親族からの賃借不動産

　業歴の古い会社の場合、創業時に創業者の個人所有の不動産（自宅敷地など）で事業をスタートした場合やその後の相続などで、事業用地を会社の現在の代表者以外の親族から賃借しているケースがあります。さらに、過去の経緯から一般的には市場価格よりも安価な条件で賃借していることが多いように思います。

　これまでは親族間ということで（あるいは賃貸側があまり意識していなかった）、賃料交渉になることはなかったかもしれませんが、経営者（株主）が変わることで賃料の増額の話が持ち上がることがあります。このような賃料交渉がM＆A取引に関する交渉の終盤で顕在化した場合、M＆A取引実行の妨げになることもあります。

　工場など自社の重要な不動産が個人（代表者を含む）からの賃借となっている場合（特に親族からの賃借となっている場合）は、会社での当該借地の買取りを含め、M＆A取引の検討に入る前に一定の解決を図ることも検討すべきです。

(3) 遊休不動産

　M＆A取引の譲渡対価の計算に際しては、たとえば株価であれば、時価純資産法、時価純資産に一定ののれん（営業利益の数年分など）を加算する方法、償却前営業利益に一定の倍率を乗じて有利子負債を控除する方法（マルチプル法）、ＤＣＦ法などさまざまなアプローチがあります。いずれの方法においても、遊休不動産（非事業用不動産）の時価が株価に影響します。

　遊休不動産は、買い手の立場では保守的に（低く）評価されることになりますので、可能であれば、M＆A取引の検討前に売却して換価しておくことをお勧めします。特に買い手の探索に時間のかかる遊休となっている旧工場不動産や従業員に利用されなくなった保養所など（特に地方不動産）は早期に売却活動に着手すべきです。

3　知的財産権

ポイント！
知的財産権のリストは作成していますか？

　特許権、実用新案権、商標権、意匠権などは知的財産権といわれるものに該当します。まずは、これらに該当するものを知的財産権としてリスト化してみましょう。リストには、知的財産権の対象（内容）、権利者、期間、使用状況などの情報を記載します。

　司法書士、弁護士、弁理士などの専門家に依頼して、第三者に対抗できる手続がしっかりとられているかも確認しましょう。

　また、特に古い知的財産権については、権利者が「会社」ではなく、会社の創業者やその家族、相続などによって現在の経営陣の親

族などの「個人」になっているケースや別のグループ会社が権利者になっていることもあります。

　知的財産権が自社の事業にとって必要不可欠なものである場合は、知的財産権を自社で維持できるかどうかが、会社の価値を大きく左右するため、十分な注意が必要です。

　また、必要不可欠とはいえないまでも、たとえば、看板や会社のロゴなどは、それらのもととなる商標権や意匠権が維持されないと看板の架け替え、会社のロゴの入った商品、事務用品の仕様の変更などのコストが発生します。

　したがって、将来のM＆Aを想定する場合は、知的財産権の権利者を会社に変更するなどの手続を事前に行い、知的財産権の集約を図りましょう。

　加えて、期間切れとなっているものがないか、また、共有者の存在なども確認しましょう。

ポイント！
ライセンス契約のリストは作成していますか？

　ライセンスには、自社の知的財産権の利用を他者に認めているもの（ライセンサー）と逆に他社の知的財産権について許諾を受けて利用しているもの（ライセンシー）の2つの立場があります。いずれもライセンス契約の内容を整理したリストを作成し、特に他社からライセンスを受けているものは、事業上必要な期間において引き続き利用できるように留意しましょう。

4 許認可関係

ポイント！
許認可関係のリストの作成・整備管理をしていますか？

事業の遂行上遵守すべき業法、条例、施行令、ガイドライン、業界自主規制などはリスト化していますか。また、更新のたびにその内容を把握していますか。同じく事業の遂行上必要な免許、許認可、登録、届出などのリストを整備し、許認可証などは一定の場所で管理していますか。

許認可関係は業種によって必要なものが大きく異なるため、弁護士などの法律専門家よりも、自社の各事業部門のメンバーを中心にリスト化の作業をしたうえで、期間の更新、代表者変更、住所変更などの必要な手続に漏れがないように管理しましょう。

また、仮に行政指導などの事実があれば、その内容と対応策に関する情報が経営陣まで報告されるような体制を構築し、その内容を記録として残しましょう。

あわせて、過去に受領した補助金の内容や当該補助金について将来返還を求められる可能性、返還の要件なども整理して、必ず記録するように努めましょう。

ポイント！
許認可関係の承継要件・手続を確認していますか？

M＆Aの実行形態としては、株式譲渡のほかに、事業譲渡、会社分割などの手法があります。株式譲渡の場合には、許認可関係は対

象会社の法人格に変更がないため、代表者変更などの手続をとれば、基本的には現状が維持されます。

一方、事業譲渡や会社分割など事業を営む法人格に異動がある場合は、承継手続、あるいは新規取得の手続が必要になります。許認可をはじめ行政が関わる事項については、M&Aの検討に入る前に、それぞれの許認可などがM&A実行後も維持されるための要件・手続を確認しておきましょう。

これらの確認の結果は、M&Aの実行形態の選択やM&Aの実行スケジュールに大いに影響します。

5 訴訟など

ポイント！
訴訟関係の書類は整理していますか？

過去および現在の訴訟、仲裁、調停、和解に関する資料（判決書、決定書、弁護士意見、交渉記録など）は整理していますか。過去および現在の訴訟係争に加えて潜在的な係争の可能性なども含めて、すべてリスト化して管理しましょう。

リストには、過去の係争などの場合は実際の金銭的な負担額を記録し、現在または潜在的な係争についてはその負担の見積額を記載しましょう。また、それらの金額が保険によってどのようにカバーされたか（されるか）も記録するとよいでしょう。

ポイント！
クレームの内容・対応などの記録は整理していますか？

　係争は、最初はクレームなどの軽微なトラブルから発展するケースがほとんどです。したがって、顧客や取引先からのクレームはすべて記録し、その内容と処理方針、処理の結果が経営陣に定期的に報告する仕組みをつくる必要があります。

　同一クレームの件数、クレームの内容、処理状況などの正確な把握は大きなトラブルを防ぐためにも非常に重要です。

　なお、Ｍ＆Ａの買い手のデューディリジェンスにおいても、いわゆるクレーム記録のチェックは必ず行われます。

第6 人事・労務関連を明確にしよう

　一般に、中堅中小企業においては、経営者が会社経営に占める存在感は極めて大きく、M＆Aによって経営者が会社を離れるということはその会社の経営に甚大な影響を及ぼすことが見込まれます。経営者が会社を離れることによって会社の経営が成り立たなくなるようでは、会社を買ってもらえる見込みはありません。

　また、経営者の交代、特にM＆Aによる株主・経営者の交代は、他の役員・従業員の動揺や士気の低下を招くことが多々あります。

　加えて、労務の面では、退職債務や未払残業代の問題など、買収後に簿外債務が顕在化するリスクもあります。

　会社を買収してもらうということは、その会社の役員や従業員などを引き継いでもらうということでもありますので、M＆Aに備えるためには、以下の点について事前に対応をしておく磨き上げが必要となります。

1　人事関係

(1)　役員

　中小企業のM&Aにおいて、役員人事については以下のような論点が生じます。

① 売り手経営者とその親族のM&A後の去就や経営への関与の有無、あるいは買い手への経営の承継への協力の要否と協力の仕方
② 売り手経営者とその親族以外の役員について、今後の処遇
③ M&A後の経営体制と役員の構成
④ M&Aにあたって、退任する役員への役員退職金の支給の有無とその金額

　上記の各論点に対して、事前の磨き上げの手続としては以下のようなことが考えられます。

ポイント！
株主のリスト・役員のリストを作成していますか？

　株主のリストと役員のリストについては、よく法人税の別表や、氏名と株式数、役職だけを記載した簡単なリストしか作成されていないことが多く見られますが、それではM&Aに際しての情報としてはまったく不十分です。最低でも、親族関係、異動の履歴、会社の経営・業務への関与の状況、勤務状況などは整理して記載してください。

　まず、株主・役員については親族関係を記載することは必須です。株主、役員以外に、従業員や顧問、あるいは外部の取引先であ

る場合も含めて、親族関係については整理のうえ、記載すべきです。

　株主、役員の履歴についても欠かせない情報です。株主であれば、いつ、何株、どのようにして、誰から株式を取得したか、あるいは出資したか、いくらで株式を取得または出資をしたかといった情報は必ず整理しておいてください。

　役員についても同様に、いつ入社したか、どのような経緯で入社したか、役員に就任したのはいつか、役員になってからの報酬の推移もあわせて確認しておく必要があります。

　役員退職金の支給は、M＆Aのスキームと関わる重要なポイントです。役員退職金の金額について検討するうえで、勤続年数と報酬額の状況などは算定要因となるからです。

　もし、代表者に役員退職金を支給することになるのであれば、バランスとして、ほかの役員についても退職金の給付の要否やそのタイミング、金額などを検討しておくことが、税務上のリスクのうえでも必要となります。

　会社の業務への関与の状況については、常勤か非常勤かなど関与の程度、M＆A後にその職務をどうするかを検討する基礎となる程度のことは明らかにしておいてください。また、株主、役員の親族が、従業員や取引先などにいる場合についてその内容も整理しておくべきことは、上述のとおりです。

　登記上は取締役や監査役になっていなくても、税務においては「みなし役員」として、実質的に役員と取り扱われるようなケースもありますので、実態に基づいて整理をするようにしてください。

　中小の同族会社においては、株主関係、役員関係、従業員関係、親族関係はそれぞれ互いに絡み合っていることが多く見られます。

M＆Aにおいては、それぞれの関係者が現在どのように会社の経営や業務に関与していて、M＆Aにおいてどのようにそれぞれの関係者を扱うかを協議・検討していくことになりますので、以上についてよく事前に整理しておくようにしてください。

ポイント！
代表者とその親族の去就についての意向を確認していますか？

代表者以外にその親族など関係者が会社に関与している場合には、M＆Aにおいてはそれらの親族の意向も確認しなければならなくなります。株式を持っているのであれば、その株式の取りまとめ、役員・従業員の場合はその職務の内容とM＆A後の去就の意思確認、継続して関与を続けるのであれば希望する処遇といった事項です。

代表者本人ではないので事前の確認が難しいケースもありますが、買い手側もM＆A後の体制について判断をしなければいけませんので、早めのタイミングで提示することが求められます。

ポイント！
親族以外の役員の情報を整理していますか？

通常、中小企業のM＆Aにおいては売り主となる代表者とその親族以外の役職員については、現状維持の処遇が条件となることが一般的です。

ただし、買い手側としては、M＆A後の経営体制を検討するうえで、親族以外の役員について以下のような情報が求められますので、準備をしておくことが必要です。

・一般的な履歴書・職務経歴書の記載事項

- 入社後の職務履歴
- 入社以来の給与などの推移の概略

ポイント！ 役員退職金規程を整備していますか？

すでに述べたとおり、M&Aにあたっては譲渡代金の一部を役員退職金として支払うことがあります。また、M&A後に残留する役員については、退職給付債務の有無とその金額について検討する必要が生じます。

それらの金額を検討する際の尺度となるものの1つが役員退職金規程です。この規程があれば、その内容によって上記の金額を算定し、あるいは金額の妥当性が判断されます。もし規程がない場合は、しかるべき内容のものをあらかじめ定めておくべきかどうか検討し、準備しておくべきです。

なお、役員退職金規程がない場合は、税務上の功績倍率方式や過去の支給履歴などを勘案して検討することが多く見られます。

したがって、過去の役員退職金の支給実績を整理・確認しておくことや、税務上の功績倍率を当てはめるとどの程度の金額になるのかも試算をしておくべきです。

ポイント！ 役員の異動、報酬の検証資料を整備していますか？

いうまでもないことですが、役員の異動は会社法や定款に基づいて、所定の手続により決議されなければなりません。また、役員報酬についても、同様に一定の決議を経て決められることになっています。

繰り返しになりますが、M&Aにおいては、役員退職金の支給金額や退職給付債務の算定は重要な検討事項ですので、その算定や確認のための検証資料としては、直近時点だけではなく過去にさかのぼっての商業登記簿謄本や株主総会・取締役会の議事録が必要となります。

役員の異動だけでなく、役員報酬や役員退職金の支給の決議の履歴についても確認対象となりますので、留意して準備してください。

(2) 従業員

中小企業のM&Aにおいて、役員以外の人事については主として以下のような論点があります。

① 組織体制と人員配置についての現状把握と今後の体制の検討
② 給与、賞与、諸手当などの現状の把握と今後の方針
③ 退職給付債務や未払賞与、未払給与などの簿外債務や要引当金額の有無と金額の算定

上記の各論点に対して、事前の磨き上げの手続としては以下のようなことが考えられます。

ポイント！
従業員リストおよび組織図を作成していますか？

従業員リストと組織図は必ず作成しておくべき資料です。相手方に提示する際は、特に初期段階においては匿名にしたものを提示することが一般的ですが、事前に用意するにあたっては間違いのないよう名前も明記して整理しておくべきです。

その他記載すべきこととしては、年齢、職位、職務内容、勤続年数といった事項が挙げられます。

中小企業においては、十分に内部統制の体制を整えることができなかったり、重要な職務をいくつも兼務する職員がいたりします。兼務などについては、全体の人数と組織図とがうまく整合させられないケースも見受けられますので、注意してください。

ポイント！
従業員の管理台帳（履歴書や人別源泉徴収簿など）を整理していますか？

買い手側からすると、買収する会社の従業員などの雇用を継続するにあたって、その管理資料を引き継がなければいけません。従業員に関する情報が整理されていないのであれば、買収のタイミングで体制を整備する必要があります。

中小の同族会社においては、古い社員について採用時の資料が保管されていなかったり、縁故で中途採用されたケースなど、あるべき資料が保管されていないこともあります。

これらは個人情報に当たりますので、最初の段階から必要になるわけではありませんが、買収監査以降の段階では必要になってくることを認識し、準備をしておくべきです。

ポイント！
給与台帳・賃金台帳を整理していますか？

給与台帳、賃金台帳は、各個人への振込の履歴、源泉所得税や社会保険料の支払金額、会社の総勘定元帳などの帳簿それぞれときちんと整合するように整理しておきましょう。手当や扶養家族の異動、残業時間の修正などによる修正で不整合が生じているケースは珍しくありません。

また、給与台帳は、役員やキーマンの給与などの状況を確認する

資料にもなります。過去の履歴を確認する必要が生じることもありますので、古い帳簿も処分せず保管しておいた方が安心です。

ポイント！
入社・退職などの履歴を整理していますか？

従業員の出入りの状況は、従業員の採用状況、定着率などを確認するのに必要な情報です。

特に、退職給付債務を検討する際には、勤務年数を確認するのに入社の日付は必要です。従業員それぞれについて、入社の日付と勤務年数について整理して記載しておく必要があります。

ポイント！
雇用契約書、就業規則、給与などの諸規程を作成・整理していますか？

中小企業のM＆Aにおいて、従業員の処遇や給与水準、勤務条件などは当面変更しないこととされることが多いですが、買い手側としては、現状でコンプライアンス上問題がないことの確認、今後の損益に対する見込みなどを確認するために、雇用契約書、就業規則、給与などの諸規程について調べなければなりません。

中小の同族企業では、従業員を採用する際に雇用契約書を作成していなかったり、就業規則や諸規程が形骸化していたりすることが珍しくありません。特に、中途採用した幹部社員などについては賞与や退職金などについてその都度ばらばらな条件が口約束で決められていることもあります。

したがって、まず現状確認を行い、状況を整理することが磨き上げの第一歩となります。

現状を確認したうえで、可能であれば実態に即した就業規則や諸

規程を整備しましょう。他の人達よりも有利な条件を約束している人がいた場合については、買い手にとって将来禍根になる可能性もありますので、あらかじめ問題の所在を認識しておくべきです。

2 労務関係

　近年は、労働時間や労働日数、時間外手当など中小企業においても労務に関するコンプライアンスの意識が高まっています。また、未払残業代の請求などといったトラブルが起こることもふえており、中小企業において労務の体制を整えることの重要性はM＆A以前の問題ともいえます。

　それに加えて、M＆Aにおいては、規模の大小にかかわらずM＆Aについて会社から知らされた従業員は誰でも皆会社や自分たちはこれからどうなるのかと不安に駆られ、動揺するものです。

　そのような不安定な心理状態もあって、M＆Aをきっかけにして、それまでの潜在的な不満なども一気に噴出して大きなトラブルに発展するというケースもままあります。あるいは、M＆Aの後に従業員達の心が落ち着かず、結局、多くの退職者が出てしまうというようなケースも少なくありません。

　そうしたことから、事前の検討や買収監査において労務についての調査はより重要性を増してきています。M＆Aを考えるにあたっては、労務に関する磨き上げの手続は欠かせないといえます。

　労務についての磨き上げの手続としては、以下のようなことが挙げられます。

　① 就業規則などによる、労働日数、休日、労働時間などについての諸規程の整備

② 昇給、賞与、諸手当、時間外手当、退職金などの支給に関する諸規程の整備
③ 出勤簿、タイムカード、業務日報（あるいは週報や月報）による労働時間、労働日数の管理
④ 上記についての実態の把握と、実際の運用状況の適切な管理監督
⑤ 社会保険への適法な加入と届出およびその履歴資料の管理と保管
⑥ 労災事故の有無と履歴の記録およびその管理
⑦ 所得税、住民税などの源泉徴収業務の適法な実施と定められた帳簿・資料などの適切な管理と保管
⑧ マイナンバーの適法な管理と保管
⑨ 労使協定の締結の有無
⑩ 労働組合の有無と組合がある場合のその活動状況・内容などの確認
⑪ 過去の労務に関するトラブルの履歴の整理と管理

第7 コンプライアンス関連を明確にしよう

コンプライアンス、いわゆる法令等遵守について、社内の状況を明確に把握し、そして、必要な改善を実施します。昨今では、たった1人の意識欠如から、一瞬にして企業イメージが失墜してしまうこともあり、遵守すべき法令などの明確化や倫理観の醸成が組織として取り組まれているかが、無視できない要素となっています。

ここでは、コンプライアンスに向けた組織状況のチェックのあり方、中小企業で見落としがちなコンプライアンスのチェック事項について述べます。

ポイント！
組織としてコンプライアンスへの取組み状況を理解していますか？

本格的に整備する場合には、アンケートによる従業員意識調査などを利用し、全社員の倫理観などの状態まで確認する場合もありますが、以下の内容について組織の状態をチェックし、不十分な場合には組織整備を行います。

① コンプライアンスの責任者、組織体制が明確となっているか
② 遵守すべき法令などの内容を適切に適時把握する体制が整備されているか
③ 遵守すべき法令などの内容が適切に規程類に組み込まれ、適宜、社内に周知し、啓蒙教育する体制が整備されているか
④ コンプライアンス違反に対する処分などが明確になっているか
⑤ コンプライアンス違反の早期発見のための内部通報窓口や防止に向けた相談窓口が整備され、機能しているか

中小企業の場合、大企業のように、専門の社内組織を準備することは現実的ではないので、担当役員を定め、外部の専門家(主に弁護士)との連携によって、事業や組織運営に関連する法令改正への対応を策定し、総務部などの管理部を通して、社内通知や教育を実施することが一般的です。

同時に、取引先からリベートの相談を持ちかけられた場合や、パワハラの被害にあっているなどの場合に、気軽に早期に相談できる窓口を、社内あるいは社外に準備し、コンプライアンス違反を未然に防ぐ体制づくりも重要です。

以下、中小企業に見受けられがちなコンプライアンス違反や体制の不備について述べます。

ポイント！
定款で定められていない事業を営んでいませんか？

定款で定められていない、あるいは定められている事業とまったく無関係な事業を営んでいる場合には、会社としてのコンプライアンス違反のおそれがあり、場合によっては、たとえば、株主からそ

の事業の解消を求められる場合が生じる可能性があります。

　定款は、会社が何の業務を行うかを定めた、いわゆる会社の憲法で、この変更には株主総会の特別決議が必要です。株主は、出資した会社が、どんな事業を行っているかを理解し、その事業に対して、リスクとリターンを鑑みたうえで出資を意思決定します。

　定款に定めた事業とまったく関係のない事業を、取締役が無断で行い、その結果、損失が発生した場合には、株主は許容すべきリスクを超えたリスクを知らぬ間に余儀なくされていたということになり、定款で定められていない事業の解消やそこで生じた損失の回復を取締役に求めることも生じ得ます。

　よって、定款に定められている事業目的と、現状の事業が合致しているかをしっかり確認します。

　ただし、たとえば、工場での自動販売機の設置に伴う収入など、定款に定められている目的に関連して行われる付帯事業はよく見受けられるので、定款記載の各目的事項に対して、「上記目的に関連する一切の付帯業務」という1条項を末尾に付け加えることで、付帯事業においては、目的外事業という認定をされないように定款を定めるようにします。

ポイント！
必要な許認可を取得していない事業、届出を怠っている事業、必要な資格者を確保していない事業はありませんか？

　たとえば、中古自動車の売買に必要な古物商の資格を取得していなかったり、投資助言を業として行っているにもかかわらず投資助言業の登録をしていないなど、さまざまなケースが見受けられます。

　法令における資格要件の認識が薄く、必要な許認可の取得を怠っ

ていたり、資格者の退職に伴って必要な変更を失念している場合が少なくありません。

昨今では、ビジネスモデルの変化が激しく、事業の形態が絶えず変化することで、いくつかの業務分野にまたがってしまうこともあり、知らず知らずに許認可が必要なビジネスモデルに変化しているケースもあります。

自社事業にとって必要な許認可や資格者は何かについて、コンプライアンス管掌部署で、外部専門家との連携や各種セミナーなどの利用により、定期的にチェックする体制が重要です。

ポイント！
顧客からのクレーム対応はどうなっていますか？

顧客クレームは、その内容を、適時、組織として把握し、適切な対応を実施するとともに、再発防止に向けた改善とその改善策の定着を確認することが重要です。

製品・サービスの欠陥に基づくものであれば、顧客への賠償のみならず、その原因を徹底究明し、対象製品・サービスの改善や場合によっては廃止なども検討することになります。

ここで重要なことは、経済合理性による判断ではなく、信用回復のための最善手を選択し、組織展開することです。

一方、販売手法や顧客とのコミュニケーションの不適切さに基づくクレームも少なくありません。これらは、そのクレームを集め、徹底的に分析し、営業手法としての問題のみならず、売上至上主義などのような組織文化としての問題が内包していないか、コンプライアンスの視点からの組織対応の検討が重要となってきます。

ポイント！
営業秘密などの管理は適切になされていますか？

　企業にとって営業秘密の漏えいは死活問題である一方、退職者による顧客リストの持ち出し、製造ノウハウの外部流出など、トラブルは後を絶ちません。未然に防止するための従業員教育は最も重要です。漏えいした場合の対応、処罰についても規則で定め、従業員に秘密管理の重要性を認識してもらうことは1丁目1番地です。

　しかしながら、中小企業によくあるケースとして、営業秘密の定義と管理が非常にあいまいで、従業員も何が営業秘密かわからない環境に置かれていることも少なくありません。不測にも営業秘密の流出が生じた場合には、法的（不正競争防止法に基づき）に保護されるためには以下の要件が必要となりますので、組織として適切に管理されているか整備することが重要です。

　①　秘密として管理されている「秘密管理性」
　②　生産方法、販売方法その他の事業活動に有益な技術上または
　　　営業上の情報「有益性」
　③　公然と知られていないもの「非公知性」

　上記の3要件をすべて満たしたものが営業秘密となります。②③については当然のことですが、①の「秘密管理性」を整備していることが鍵となります。

　秘密情報へのアクセス制限が施されており、そして、その情報が営業秘密であることを認識できるようにしていることが「秘密管理性」として重要であるため、多くの場合、営業秘密が保管されている書庫やシステムへのアクセス制限を行い、その情報に「営業秘密」である旨を明示し、閲覧者に営業秘密であることを明確に理解

されるようにします。同時に、万が一の漏えい時に備えて、アクセス履歴を記録しておくことも重要です。

上記が整備されておらず、守りたい営業秘密がある場合には、早急な対応(規則の整備、情報システムの管理強化など)を施すようにします。

ポイント!
個人情報管理に関しての対応は整備されていますか?

企業内には個人情報(氏名、生年月日、住所など)が存在することが一般的です。その情報をデータベース化して事業に利用する事業者は、利用する情報の量にかかわらず、個人情報保護法の適用対象となっています。

個人情報が万が一流出した場合には、信用失墜は想像をはるかに超えたものになり得ます。少なくとも、個人情報保護法に則って、組織対応しておく必要があります。

以下に主要なチェックポイントを示します。

① 取得時のポイント

利用目的を本人に知らせる必要があるため、その手順がなされているか確認します。

② 利用時のポイント

取得時に本人に提示した利用目的の範囲でしか利用できないため、目的外利用がなされていないか確認します。もし、当初の目的以外での利用を実施したいときには、本人の同意が必要となるため、その手続を行っているか確認します。

③ 保管時のポイント

データが安全に管理されるために、データはパスワード付ファイ

ルで記録管理しているか、デバイスはセキュリティ対策ソフトが導入・更新されているか、紙の情報は施錠付きで管理されているかを確認します。

また、個人情報を取り扱う従業員への教育や、委託業者への監督も十分であるか、確認します。

④　第三者への情報提供におけるポイント

本人の同意が必要となるため、その手続を行っているか確認します。

⑤　本人からの請求への対応

本人から、管理している個人情報の内容の開示、訂正、利用停止の請求があった場合への対応、苦情への対応は迅速かつ適切になされているか確認します。また、個人情報の利用目的や個人情報開示などの請求手続の方法、苦情の連絡先などについて、本人が知り得る状態（ウェブサイトでの公表など）になっているか確認します。

ポイント！ 反社会的勢力との関係性遮断への取組みは講じていますか？

東京都暴力団排除条例では、「暴力団を恐れない」「暴力団に資金を与えない」「暴力団を利用しない」「暴力団と交際しない」の4つが掲げられています。今や、暴力団をはじめとする反社会的勢力とのつながりを持っていることが明るみになると、事業者の信用やレピュテーションは回復しがたい状況に陥ります。役職員の教育をはじめとして、組織一丸となった対応が求められています。

各都道府県においては、暴力団排除条例が定められていますが、以下は共通事項です。

①　事業者の取引の相手方について暴力団関係者かどうかの確認

② 暴力団の活動や運営を助長する「助長取引」に関わる利益供与をも禁止している
③ 各契約書に「暴力団排除条項」の挿入を求めている

どの企業にとっても、①の属性確認は容易ではありませんが、中小企業の場合には、相手方の取引先や取引金融機関によって外形的に判断するとともに、③の暴力団排除条項の取引契約書への挿入によって、万が一、取引開始後に発覚した場合の対応を担保しておくことが現実的と思われます。もちろん、不審に思った場合には、弁護士や警察に確認を求めることも重要です。

ただし、組織的に大切なことは、取引相手の状況変化を最も知り得るのは、営業の最前線の従業員であることが多いため、コンプライアンスの教育・研修において、不当な取引の要求がなされていないかなど、不審に思ったことを組織で共有（相談）する意識の醸成が大切です。可能であれば、本社管理部内に相談窓口を設置し、気軽に相談できる体制をつくっておきます。

ポイント！
事業に関連して適用される環境関連法規・条例などのリストおよび対応状況に関する説明資料はきちんと整備・保管していますか？　環境問題に関するクレームはありますか？　ある場合、その内容はどのようなものですか？

企業の環境への責任は重くなっており、環境問題は思わぬ簿外債務や偶発債務を誘発する最も大きな要素の1つとなっています。環境法令は、厳密には、都道府県などによって制度や運用実態が異なっていることため、事業所や工場の属する場所ごとに、適応する

法令や行政指導の状況を適切に把握する必要があります。

　同時に、環境問題は、法令や行政による法的な規制を守ることが十分というわけではなく、その地で操業を続けるためには道義上の配慮や対応を理解したり、法的な水準以上の整備をしておく必要がある場合も見受けられます。

　環境問題については、定期的に外部専門家と連携し、社内に問題がないか、モニターする仕組みが求められます。

　以下、主な確認項目について記述します。

①　環境管理に対する社内体制の整備

②　環境における適応法令・条例の明確化、必要な許認可の状況の確認

③　廃棄物管理体制の確認

④　取扱物質や貯蔵物質の状況確認

⑤　利用土地の土壌汚染および地下水水質汚染の状況確認

⑥　廃水、廃棄物質の状況の確認、および騒音、においの排出状況の確認

⑦　作業者の健康や安全管理の状況確認

⑧　近隣他からのクレームの組織共有体制、および対応策の実施履歴管理

第 8

保険の状況を明確にしよう

　中小企業において利用されている生命保険などの保険契約は、次のような点で会社の財務状況に大きな影響を持つことがあります。
　① 保険積立金、解約返戻金などの簿外資産が生じている
　② 保険についての会計処理が間違っている
　③ 役員や従業員の簿外の退職債務と保険金や解約返戻金の見込額が見合いとなっている
　④ 保険料の支払や給付金、解約返戻金の受取りなどについて、税務リスクが生じている
　保険契約は、支払や受取りの金額が大きくなることも多いので、財務上必ず検討される事項です。
　また、事業承継目的でM＆Aを検討する会社の多くは、経営者が高齢化している傾向がありますので、将来、代表を退くことを想定して、役員退職金を受け取るためにその見合いとして高額の生命保険を掛けていることが多く見られます。
　一方で、M＆Aにおいては、会社を譲渡してリ

第8　保険の状況を明確にしよう

タイアする代表者に、売買代金の一部として退職金を支払うという手法がとられることも多く行われています。その場合、M＆Aのスキームを検討するためにも保険契約の内容は重要な意味を持ちます。

ポイント！
保険の積立金・解約返戻金などの簿外資産が生じていませんか？

　生命保険の商品は、保険事故が起きた場合に支払われる保険金以外に、中途解約した場合に返戻金が支払われるものや、一定の期間を満了した際に給付金を受け取れるものなどもありますが、そのような保険積立金や解約返戻金が会社の決算上簿外資産となっているケースは多々見受けられます。

　簿外資産となっている保険積立金や解約返戻金については、保険証券や契約時の説明資料などでは評価時点での正確な残高を確定するのが難しいことも多く、決算書や会計帳簿だけでは正しく財務状況を把握できません。

　生命保険を契約している場合には、保険会社や保険代理店に問い合せて上記の金額について確認をする必要があります。この回答を得るのには時間がかかることもありますので、あらかじめ前もって確認を行っておくと安心です。

ポイント！
保険についての会計処理が間違っていませんか？

　生命保険契約により支払う保険料については、大きく分けて「全

額費用計上」、「全額資産計上」、「半額資産・半額費用計上」といった経理処理が行われます。

　生命保険の商品は非常に多岐にわたり、会計処理の複雑なものも少なくありません。また、経済環境や税制改正などに対応して売り出される保険商品も毎年どんどん変わっていきます。それに対応して、保険料の支払や受給についての会計処理も複雑なものがあり、また、保険商品の会計処理についての説明資料が会計事務所に適切に提示されていないといったケースもあって、正しい会計処理が行われていないということは珍しいことではありません。

　生命保険の提案や契約の際に提示されるパンフレットや保険証券では、必ずしも会計処理について明記されているとは限りませんので、生命保険を契約するにあたっては必ず会計処理や税務申告に関する説明資料を入手して、正しい処理を行うとともに、他の資料とともに整理して保管しておかなければなりません。また、契約してから定期的に計算書などが送付されてくる場合、それらも契約ごとにいっしょに整理しておく必要があります。

　あわせて、決算期ごとにその時点での保険積立金や解約返戻金を確認して、決算上の残高との乖離の有無とあるべき残高を把握しておくと安心です。

ポイント！
生命保険の契約内容をきちんと把握していますか？

　中小企業においては、代表者や役員、従業員の病気や退職に備えて生命保険に加入していることがよく見受けられ、特に代表者の退職に備えて役員退職金の原資として生命保険を利用しているケースが多いです。

一方で、中小企業のM＆Aにおいては、会社の譲渡代金の一部として役員退職金を支給するという手法がよく行われています。

このように、生命保険の契約内容は、M＆Aのスキームにも関わってくることから、事前に生命保険の内容について整理しておく、いわば「生命保険の棚卸」は欠かせないといえます。

ポイント！
保険料の支払や給付金・解約返戻金の受取りなどについて正しい会計処理が行われていますか？

生命保険は、会社の法人税、代表者の所得税、あるいは事業承継や相続にまつわる贈与税や相続税などの節税を目的として利用されているという面があります。これに対して、こうした節税効果のある保険商品に対しては税制改正によって課税の取扱いが変わったり、さらにそれに対応して新たな保険商品が開発されたりと、保険商品には、税務の取扱いが複雑なものや年度によって処理が変わっているものなどがあります。

結果として、保険料の支払や、保険金・解約返戻金などの受取りについて、税務上の処理が正しく行われていないことは、税理士が関与している会社でも決して珍しいことではありません。

すでに述べた会計処理についてとともに、税務の取扱いと処理については資料を入手して整理・確認しておくべきです。

【磨き上げの手続】

以上のような問題に備えるための磨き上げの手続としては、以下のようなことを行っておくことがよいでしょう。

（1） 保険契約に関する資料を備えて整理しておく

保険契約について、そろえておくべき主な資料としては以下が挙

げられます。
- ① 保険証券
- ② 保険商品のパンフレット
- ③ 保険の設計書類
- ④ 会計処理、税務処理についての説明書類
- ⑤ 契約以降定期的に送られてくる計算書類
- ⑥ 保険積立金、解約返戻金などの残高について毎決算期末に確認した履歴の記録

(2) 保険契約ごとに主要な事項や内容について整理しておく

整理しておくべき事項としては、主に以下が挙げられます。
- ① 契約者
- ② 被保険者
- ③ 受取人
- ④ 契約の種類
- ⑤ 保険の対象
- ⑥ 保険期間
- ⑦ 保険金などの給付額
- ⑧ 解約返戻金などの給付額
- ⑨ 保険料の支払額

(3) Ｍ＆Ａにあたって今後の影響やとるべき選択肢について整理しておく

　Ｍ＆Ａにあたっては、売り手となる経営者などを対象とする生命保険は、通常、解約することになりますが、場合によっては退職する経営者が契約名義を変更して引き継ぐことを希望するケースもあります。

　また、生命保険契約を解約する場合は、それまでの保険料の支払

がなくなるなど会社の決算の見通しにも影響があります。
　それらの情報についてあらかじめ整理し、いくつかの選択肢を検討しておくとともに、その保険について継続した場合、解約した場合、名義を変更した場合などのそれぞれについての見通しを整理しておくことをお勧めします。

第9 ITシステムについて明確にしよう

　経理ソフトの利用や会社概要を告知するためのホームページの運用から、ECサイトの運営やゲームアプリの開発・運用まで、どんな企業にとっても、ビジネスの実行においてITシステムは無関係ではなくなっています。

　ITを駆使した販売活動を行っていない企業にとっても、社内情報のクラウド化によって意思決定の迅速化や情報更新の即時性を実現したり、製品・サービスに対するSNSの口コミチェックをマーケティングに活用するなど、ITシステム対応の重要性は増すばかりです。

　事業戦略の実行に向けて、ITシステムにおける改善事項の有無や将来投資の必要性について判断するために、現状のITシステムの状態をできる限り把握することが重要となります。

第9　ＩＴシステムについて明確にしよう

ポイント！
事業戦略の遂行に必要なＩＴシステムは描けていますか？

　事業戦略の遂行に必要なＩＴシステムについて、明確になっているか確認します。現状業務を支えるＩＴシステムの維持更新のみならず、クラウド化への移行、電子商取引の拡大対応、所有する顧客情報の解析、社内物流の最適化、社内情報の統合による業務効率化、プライバシー情報への厳重対応など、事業計画に合致したシステム機能や性能が準備・企図されているか、費用対効果の概算検討も踏まえて確認し、不十分なところがあれば策定、対応します。

ポイント！
現状システムの全体構成を理解していますか？

　まず、使用しているシステムの全体像について整理します。企業全体において、ハードウェア（モバイル含む）、ソフトウェア、ネットワークがどのように構成されているかを整理します。
　そこで、各システムの購入時期、購入金額、概要スペック、保守状況、保守料金、利用者、利用状況を整理しておきます。また、各システムは、どのような目的で導入され、どのような効果をもたらしているかについて、把握しておくことも重要となります。

ポイント！
システムの開発・運用・保守体制は適切ですか？

　まず、現状システムの維持管理の体制について、自社のシステム部門の業務範囲と外部のシステム開発会社との業務範囲の切り分けが、システムごとに明確になっているか確認します。

社内にシステムの専門家がいないため、外部業者に丸投げしてしまうケースが多く見受けられますが、結果として高コストやシステムの柔軟性の欠如を招く可能性があります。業者への業務委託内容や料金を明確にしておき、適正な市場価格や代替業者の有無を把握しておくことが重要です。

経営の観点からも、システム投資が、期待した効果を生み出しているかを定期的に判断する必要があります。そのため、システム部門では、対象システムのトータルコスト（ＴＣＯ）を算出し、ユーザー部門からは対象システムの定量効果を測定し、その両者から、当該システム投資の成否を判断します。

このチェックにより、過剰に見積もられていた通信スペックやデータ量の削減対応によるシステムコストの低減を行ったり、過度な機能やアプリケーションを廃止したりすることで、システム投資を事業進捗に合わせて修正することも行います。

最近では、技術革新が早く、クラウド化に伴う費用も圧倒的に廉価になってきており、かつ企業業務の各種アプリケーションも廉価なクラウド対応版が提供されてきていることから、中小企業の社内で開発体制を組織化することはほぼ意味をなさなくなってきています。必要な業務をＩＴデザインに落とし込み、必要な機能を提供する外部業者を、適切に選定できる能力のある社員がいれば十分であり、技術の専門家を雇用する必要性は少なくなっています。

ＩＴシステムは、業務システムに限定されるものではなく、会社情報の更新や商品情報などのマーケティング利用に不可欠になってきているＳＮＳについても無視することはできません。ＳＮＳのインフラを整備することもシステム部門の役割であり、ＳＮＳの導入から利用者管理に始まり、消費者の口コミチェックやアクセス数

第9　ＩＴシステムについて明確にしよう

チェックなどについても、システム部署で取りまとめ、必要部署が閲覧できるような仕組みを供給する必要があります。

　これらに関わる業務の明確化、および維持管理体制の明確化も確認しておく必要があります。

ポイント！
更新切れや違法に使用しているソフトウェアはありませんか？

　ＩＴシステムが適法かつ安全に運用されていることを確認します。各ソフトウェアの利用条件や期間に利用実態が則しているかチェックし、不当な状況にある場合には、必要な対応を速やかに実施します。よく見受けられる事例を以下に記します。

① 特段の理由もなく、保守契約の更新を行わないソフトウェアの利用継続

② Windows XPのようにメーカーがサポート体制を打ち切っているソフトウェアの利用継続

③ 利用ライセンスの範囲を超えてのソフトウェアの利用

④ 違法コピーなどによって不法に利用しているソフトウェア

ポイント！
セキュリティは適切に管理されていますか？

　情報セキュリティが適切に設定管理されているか確認します。主に以下の項目についてチェックし、その状況を整理しておくとともに、不整備の場合には、対応策を検討します。

① 社内情報のアクセス権限は適切に設定管理されているか

② 部署別のアクセス制限や管理者、社員、契約社員、アルバイトなどの階層別アクセス制限がなされているか

③　社内情報の持出しに関して、ＰＣ内情報のＵＳＢなど記憶媒体で持出しができるようになっていないか
④　上記、持出し可能になっている場合、コピーのログは記録されているか
⑤　営業秘密情報のメールによる外部送付には、パスワードなどがかかる仕組みを徹底しているか
⑥　社員に配布しているモバイル端末の管理は適切に行われていないか
⑦　モバイル端末はパスワードによるログイン設定がなされているか
⑧　モバイル端末は、紛失時、保有データをリモートで消去できる仕組みを導入しているか

中小企業の場合、上記に対して最善な対応策を導入することは、コスト上、容易なことではありません。しかしながら、データの漏えいは、企業の存続を危ぶむ事態になりかねませんので、セキュリティ体制が不適切な状態にある場合には、システム的なレベルを向上させることのみで対応するのではなく、業務フローや管理体制の変更も視野に入れながら、自社でできる最善手の策定を迅速に行うことが求められます。

ポイント！
取扱データの管理や利用は適切になされていますか？

主に以下の項目について状況をチェックします。
①　顧客情報や取引履歴情報などの顧客に関する情報の一切、および特定された営業秘密情報について、セキュリティソフトウェアが適切に更新されたシステム環境上、あるいはネット

第9　ITシステムについて明確にしよう

　　ワークから遮断された環境で保持されているか
　②　上記のデータに対するアクセス権限が整備されているか
　③　上記アクセス履歴が記録される仕組みになっているか
　④　顧客データは正当に入手した情報か
　⑤　顧客データを解析利用する場合、あるいは他の商品を案内する場合など、データの利用条件について、データの供給者との間であらかじめの承諾や整備がなされているか
　⑥　個人情報が含まれる場合、その取扱いは定められた指針に準拠しているか

　企業が保有するデータには、個人情報を含んだ顧客の属性情報から、時には消費者の購買活動を予測することに有益な情報など、情報量によってはビッグデータとして価値が高いものも含まれている可能性があり、企業のマーケティング戦略の策定において保有情報の重要度が増してきています。しかしながら、そのデータを正当に利用する権利が保持されていない場合には意味がありません。

　消費者との契約において、利用許諾を定義しておくなど、法的な整備の必要性についても確認し、整備します。

ポイント！
将来のシステム投資はきちんと計画していますか？

　中期の事業戦略に連動して、将来のシステム投資が計画されているか確認します。売上の１％弱といった目安の数値を単に当て込むのではなく、見込まれる更改時期、開発投資時期をプロジェクトごとにできる限り想定し積み上げたうえで、過去のシステム投資額と比較し、計画に織り込むようにします。

第2章 「磨き上げ」チェック項目

第10

海外関連について明確にしよう

海外子会社や、海外企業との取引（生産委託や直接貿易）を有している場合には、その実態を正確に把握し、事業維持のために適切な契約や取引関係が構築されているか確認する必要があります。

昨今、多くの中小企業が海外進出や海外取引を有していますが、現地の政情不安、経済情勢の変化、人件費の高騰、外国為替の大幅な変動など、進出時から経営環境が大きく変化し、その存在自体を見直す必要に迫られることも少なくありません。

ここでは、海外関連について、明確にしておくべき主要事項を整理します。

ポイント！
海外子会社の目的は明確ですか？

なぜ、海外子会社を有しているのか、目的は明確ですか。その目的は、本社サイドで維持されていますか、もし、当初の目的を達成

し終えていたり、目的が変更され海外子会社の存在理由が不明確になっている場合には、海外子会社を維持するかどうかの経営判断を行う必要があります。

たとえば、安価な人件費を求めて、1990年代に生産委託を目的として中国に進出した企業では、人件費の高騰によって価格競争力を喪失し、ノウハウの流出などの問題も鑑みると、もはや国内への生産拠点の回帰、あるいはベトナムなどの他国への移転を、たとえ一時的な撤退コストを相当に要したとしても本格検討せざるを得ない現状が見受けられます。

一方、生産拠点としてのみならず、現地での販売を目的とした場合においては、たとえ人件費が高騰しても、現地での販売が順調であれば、撤退という選択肢に限定せず、海外生産拠点の分散や、現地企業との資本業務提携によって、当該拠点を維持しながらグループ全体の収益の拡大を模索することも視野に入れることになります。

このような経営判断が必要となることは稀ではありませんので、常に海外子会社の存在目的は何か明確にしておき、現地の政治経済情勢を鑑みながら、目的に有効性を判断することが大切です。

ポイント！
海外子会社の資本構成、役員構成、現地活動における制約事項は明確ですか？

海外子会社における基礎的事項を確認します。

資本構成、外部株主の現在の状況、株主間契約の状態、ならびに、役員構成、各役員の役割や業務執行状況についても確認しておきます。特に、現地企業との合弁形態である場合には、合弁契約の主要条項について確認し、現状の事業状態で対応が求められること

がないか整理しておきます。

また、現地での企業活動に関わる主要な法制度（税務含む）の整理（事業範囲、雇用、資金調達や移動における制約の有無）から、取引金融機関、会計士などの現地専門家も確認しておきます。

ポイント！
海外子会社の持つべき機能や責任・権限、本社との役割分担は明確ですか？

海外子会社が目的を果たすために、どんな機能を持たせ、本社との役割分担が明確になっているか確認します。役割が明確に定義されていないと、意思決定や業務遂行が遅くなるとともに、責任の所在が不明瞭となり対応策の策定もままならないということになりかねません。

企業の大小にかかわらず、予算の策定・管理、資金調達・管理、人材採用、取引管理などの企業活動に必要な意思決定について、可能な限りデザインし、その設計が守られているかモニターする仕組みづくりが重要です。

ポイント！
海外子会社の経営状況のレポーティングはどうなっていますか？

経営管理として、本社へのレポーティングの内容、頻度はどうなっているか確認します。少なくとも四半期ごと（できれば月次）には、試算表、および予実管理表（対応策の検討含む）のレポーティングがなされる体制をつくる必要があります。

試算表の作成にあたっては、売上の計上基準、在庫（原材料、仕掛品、製品など）の確認方法まで正確に理解しておきます。特に、在庫の確認があまりに曖昧であると正確な経営判断を困難にしま

す。

　時には、グループにおける架空在庫や架空売上の手段に海外取引が悪用されることがありますので、どのような手続でどのような頻度で経営情報が管理されレポートされるか、明確にすることは重要です。

ポイント！
海外子会社の事業計画は作成していますか？

　事業計画（単年度、中期計画）の有無を確認し、なければ作成させます。子会社の事業計画は、会社の経営管理上、およびM＆Aにおける評価上、非常に重要な要素ですので、必ず作成し、管理しておくよう体制を整備します。

　海外子会社が経営のほとんどの裁量を委ねられている場合には、当該子会社において事業計画を作成します。一方、海外子会社が生産拠点としての目的のみで存在している場合には、事業を事実上コントロールしている本社生産部門によって大綱を作成し、現地での生産活動における重要な経営指標目標を、海外子会社によって作成させることになります。

　遠隔地であるため、ただでさえ事業計画は形骸無実化しがちである状況が加速しないために、与えられた権限、管理できる経営資源に応じて、計画作成を担当させ、その計画に対するコミットメントを醸成することが重要です。

ポイント！
海外協力工場、海外パートナーとの取引はどうなっていますか？

　資本関係はないものの、生産委託や販売提携について、海外の取

引先と直接貿易することも多くなっています。商社を通すよりも、マージン削減による利益率の向上や取引先のニーズを聞き出しやすいことから直接貿易を選択しますが、一方で、煩雑な交渉実務や、他の取引候補先との比較検討に始まり、取引開始後には、債権回収などの経営管理実務は増加します。

　海外の各取引先に対して、契約内容や取引条件について、正確に把握し、事業継続を脅かす条項はないか確認します。同時に、契約書に現れない両社の関係性についても、現地担当のヒアリングなどによって確認しておきます。

第11

社内の整理整頓を確認しよう

　社内の整理整頓は、無駄な業務を排除し、効率的な業務フローを実現することで、品質の高い製品・サービスの創造につながる大切な行動指針です。

　製造業の現場改善活動において、5S（「整理」「整頓」「清掃」「清潔」「躾」）として重要視されており、在庫の圧縮から作業時間の短縮、そして、品質の向上につながっています。

　安全管理や社員の意識向上として、整理整頓は当たり前のことですが、企業価値を向上させる結果を生み出す整理整頓ができているか、今一度、社内を確認し、業務の効率化の可能性を検討します。

ポイント！
5Sとは？

　5Sとは、整理、整頓、清掃、清潔、躾のことをいいます。
　「整理」とは、必要なものと不必要なものを分別し、不必要なものを廃止あるいは作業範囲から排除することです。

「整頓」とは、必要なものに対して、位置、置き方を決め、わかりやすく表示することです。

「清掃」とは、必要なものやその周辺を綺麗に保ち、必要なものの性能を常に発揮できるように保つことです。

「清潔」とは、「整理」「整頓」「清掃」を維持し、環境全体を清潔に保つことです。

「躾」とは、決められたルールを守る習慣や組織風土をつくることです。

５Ｓ活動をしっかり行うことで、製造現場においては、無駄な作業やスペースの削減、仕掛品の圧縮、生産期間の短縮、そして、製造原価の低減に及びます。また、営業や管理部門においても、人員削減やミスの低減、戦略的な営業の実現にもつながっています。

ポイント！
生産部門（工場や倉庫内）の整理整頓はきちんとなされていますか？

以下にチェックすべき主要事項を記載します。これらの事項をしっかり確認し、経営として把握しておくことが重要です。

（1） 建物内の清掃が行われているか

誰が、いつ、どの部分の清掃を行うというルールが明確化され、その実施が管理されているかを確認します。不十分な場合には、明確化し、業務の一環として定着させます。

（2） 機械設備の整備・清掃が行われているか

定められた点検・整備について、そして、機械設備のパフォーマンスを最大に引き出すための清掃について、誰が、いつ、どのように行うかが明確化され、その実施が管理されているか確認します。

(3) 工具器具備品・消耗品の整理

　工具器具備品や消耗品について、使用頻度を見える化し、一定期間以上使用されないものは、不要品として、個々の作業スペースから排除（共通スペースでの管理や倉庫での保管）、あるいは、廃棄を行います。

　この整理により、不要な工具器具備品・消耗品の購入や管理から解放されるとともに、作業スペースが整然とし、作業効率の向上が期待されます。

(4) 工具器具備品・消耗品、在庫（原材料、仕掛品、半製品、製品、貯蔵品）の整頓

　整理された必要な工具器具備品・消耗品や在庫について、それらの位置や置き方を明確化し、表示します。

　使用頻度の高いものは、身近なところに配置し、低いものは共用スペースや保管棚、あるいは、倉庫に保管します。同時に、数量管理がしやすい置き方を定め、誰が見てもわかるように看板を掲げたり、テプラを貼り付けたり、管理表を備え付けたりします。また、それぞれがどの程度の数量が必要か判断し、基準となる数量を決めて管理します。このことによって、必要なものが、必要なときに、必要な数量が準備されていることを実現し、必要以上のものは持たないようにします。

　この整頓により、多くの中小企業では、作業効率は向上し、生産リードタイムが短縮される可能性があります。また、欠品のおそれやリードタイムの短縮のために、必要以上に原材料を確保したり、仕掛品を製造していることが見受けられますが、適正な数量を管理することで、在庫の圧縮を実現し、財務の改善へつなげることが可能となります。

(5) 作業工程の整頓

作業工程において、工程の重複が生じていたり、ある工程がボトルネックとなり他の工程で待ちが生じている場合があります。これらは意外と気づきにくい場合があり、在庫の整頓を行う過程で判明することも多くあります。

工程の順序を変更したり、ある工程のラインの増強などによって、生産リードタイムの短縮と在庫の圧縮につなげていきます。

(6) 作業場所配置の整頓

作業工程の整頓と同じく、工具器具備品・消耗品や在庫の整頓の過程で、作業場所の再配置を検討することが改善につながることが多く見受けられます。工場内で、遠く離れていた工程Aと工程Bのラインを近づけることで仕掛品の工場内移動が大幅に短縮されるケースや、倉庫内での製品の保管位置の見直しによって、ピッキング作業が大幅に改善するケースもあります。

作業者の動線、各業務に要する作業時間を整理整頓することも、生産現場の改善には重要な要素となっています。

(7) 工場・倉庫の公私混同利用や簿外での利用

5S活動以前のこととして、工場・倉庫内に、業務と関係なく、会社資産の公私混同の利用（近隣に居住社員が敷地内駐車場を私的に利用するなど）や、簿外での活動（本社で管理していない自販機の設置の有無など）の有無をチェックし、適正な状態に修正します。

ポイント！
営業・管理部門の整理整頓はきちんとなされていますか？

整理整頓の5S活動は、生産部門に限ったことではなく、営業部門や管理部門においても大切な行動指針です。社内美化の視点にと

どまらず、コスト削減や戦略的な情報活用の可能性を広げます。以下にチェックすべき主要事項を記述します。

① 来訪者スペース、共用スペースの清掃美化が保たれているか
② 社内執務スペースにおいて、器具備品・消耗品の整理整頓はなされているか
③ 社内執務スペースにおいて、書類の整理整頓はなされているか

よく使うファイルや文献とあまり使わないものを分別し、不必要なものは廃棄するとともに、オフィス内の配置や倉庫保管を検討することが重要です。

昨今、ビジネスに関わる情報量が圧倒的に多くなっており、従来どおりに、印刷保管形式を踏襲していると、保管スペースだけでも年間で会議室１つ分の増加に相当することも少なくありません。

ＰＤＦ化してシステム上に取り込み、ペーパーレス化を図ることも有効な手段です。

④ 作業の重複はないか

たとえば、営業部門と経理部門の双方で、顧客情報や取引情報を入力管理していることが多く見受けられます。情報を統合するソフトウェア（ＥＲＰ）の導入などによって情報を共有する仕組みを検討し、ムダな作業を排除します。

ペーパーレス化とともにＥＲＰの導入が実現すれば、各種情報がデータ化されることによって、顧客とのコンタクト履歴や取引情報が網羅的に閲覧できるようになると、営業が社内蓄積情報を組織的かつ戦略的に活用することが見込まれるようになります。ただし、これらのシステム導入は、費用対効果をしっかりと見極めなければなりません。

第 3 章

「磨き上げ」の事例

第3章 「磨き上げ」の事例

■ 事例1 ■
【株主情報の整理が不十分でM&Aに失敗した事例】

　国内外で数店舗を営業する飲食業のM&Aにおいて、売り手側がM&Aの事前の磨き上げの過程で、特に株主についての情報整理が不十分であったため、案件が成立しなかった事例です。

【対象会社概要】（ティーザーより）
① 事業内容：飲食業経営（国内外に数店舗）および食材・加工食品の販売
② 創業：10年
③ 本社：日本国内
④ 役職員数：100名（アルバイト含む）
⑤ 財務成績：総資産4億円、借入金3億円、純資産5,000万円
　　　　　　売上10億円、営業利益2,000万円、税引後利益300万円
⑥ 取引形式：株式譲渡100%
⑦ 譲渡理由：オーナー経営者の体調不良
⑧ 希望譲渡価格：1億円

交渉プロセス

1　売り手の背景

　売り手オーナーは、体調不良となったことにより、会社の売却を決め、M&A仲介会社に相談しました。

事例1

　オーナーは、海外と日本の双方に住居を構えており、日本で治療に専念したい意向があり、早期の売却を希望するため、複数の仲介会社と契約しました。
　そこで、事業内容（事業部門および店舗ごとの売上・利益情報）と財務内容（決算書3期分）の簡易な説明を行い、それらに基づいて各仲介会社は、候補先へ打診を始めていきました。
　ここで、各仲介会社は、通常行われるべき売り手の各種情報確認（実質株主の情報をはじめとして）を十分に行っていませんでした。

2　ある買い手による当初の検討状況

① 　持ち込まれた時点で、別のM&A仲介会社のウェブサイトにも掲載されていたため、急ぐ特段の理由があるのか、それとも、通常では売却に至らない何らかの理由があるのか、売却理由の詳細についてしっかり理解する必要がある。
② 　事業内容には強い興味があり、自社の事業ともシナジーが生み出せそうなため、積極的に取り組みたい意向を有しており、中身がよければ、譲渡希望価格も十分合理的な範囲内である。
③ 　持ち込んだ仲介会社は、各種デューディリジェンスや価値評価の機能を持ち合わせていないため、別途、財務アドバイザーを任命し本件に取り組むこととするとともに、M&A仲介会社と守秘義務契約および仲介契約を締結し、ネームクリア（売り手の会社名などを開示すること）を行い、詳細情報の開示および質疑応答のプロセス（1次デューディリジェンス）に進むこととする。

第3章 「磨き上げ」の事例

3　1次デューディリジェンスにおける買い手の主な質問事項

① オーナー経営者の体調の状況の詳細（できれば）と売却スケジュールの詳細について
② オーナー経営者の居住は日本であるものの、現在の株主は、同氏が所有する海外の資産管理会社となっているため、その会社の基本的情報および株式所有経緯について
③ 本社機能は日本にあるものの、オーナー経営者が関与している海外会社（資産管理会社とは別）に対して、業務委託費が多額に計上されているため、その業務の内容およびその会社の基本的な情報について
④ 借入金の借入先が金融機関ではないため、借入先の基本情報および借入条件について
⑤ 買い手の店舗視察によると、各店舗ともに繁盛店であり、開示資料よりも実態売上は高い可能性があると思われたため、各店舗での売上詳細情報（来店人数、客単価ほか）について
⑥ 食材・加工食品の販売において、原材料の仕入先である海外会社との取引の詳細について

4　買い手の質問に対する回答

　事前の情報整理が不十分であったため、M＆A仲介会社は上記質問に対して適当なタイミングにおいて適切に回答ができず、これらの質問に対しては、2次デューディリジェンスにおいて詳細調査を行ってほしいと回答し、現段階の開示情報に基づいて、買い手による意向表明書（買い手の買収意向・希望条件が表明された文書）の提出を求めた。

5 買い手の懸念事項

① 実質株主や重要な業務委託先に関する概要情報について現段階で開示されないため、特段の理由を有している可能性があり、買い手にとってはリスクがある。たとえば、実質的な株主の支配者は現オーナー経営者ではなく、業務委託先へ不適切な資金流出が行われており、コンプライアンス的にリスクが高い。

② 売上の過少申告の可能性が高く、同様に税務リスクが高い。

③ 食材・加工品の販売において、海外会社との間で利益調整が行われている可能性があり、それぞれの事業での収益実態を見極める必要がある。

6 買い手の判断

① 事業譲渡形式によってリスクを遮断するスキームも考えられるが、株主に関する基礎的な質問や、事業継続において必要となるであろう仕入取引の内容について、ある程度の輪郭が見えないようでは、意向表明書の提出は困難である。

② M＆A仲介会社と売り手との間の十分な信頼関係が構築されているように見えず、仮に、さらにコストをかけて2次デューディリジェンスに進んだとしても、適切な情報が収集できるとは思えない。

③ 上記の観点から、本件交渉はこれ以上のプロセスには進めない。

本事例のポイント

（1） 株主情報の整理は、M&Aにおいて1丁目1番地です。売り手の実質の所有者は誰なのか、誰と交渉すべきなのか、つまるところ、株主に集約されることが多いためです。それゆえ、M&Aプロセスに入る前に、株主情報の整理を適切に行っておくことは非常に重要です。

本件のように、株主について、実態があやふやな資産管理会社やペーパーカンパニーの場合、実質的な株主情報は買い手にとっては必須となると考えたほうがよいでしょう。

さらに、本件では、売り手の事業取引に、重大な影響を及ぼしていると想定されるため、譲渡後の事業が維持されるかどうかといった判断においても株主情報は必須です。

また、時には、実質株主が競合会社であったり、反社会的勢力であることも想定されるため、株主情報を詳細に整理することは非常に重要となります

（2） 親密会社との取引関係について、取引内容の正確な把握と、取引や取引条件の合理性の確認を行う必要があります。情報が不明瞭な状態にあると、親密企業への利益移転、不適切な取引、そして税務否認のリスクの疑いが不安視されることになります。同時に、そのような管理体制にある企業を傘下に入れてよいかという根本論まで広がる可能性があります。

同族会社などの親密会社との取引は、できる限り最小化するとともに、取引がある場合には、その内容を明確に把握したうえで、M&Aプロセスに臨む必要があります。

（3） 売り手の開示情報は、できる限り正確であるべきです。つまり、売上の過小申告など、過年度の処理で修正すべき事項があれば、開示の適切な段階において、自ら開示することがM＆Aプロセスを円滑に進めるための秘訣です。

売り手は、財務や経営管理の専門的機能を社内に備えていることは稀であるため、M＆A仲介会社などの専門家が、主要な論点についてはチェックし、できる限り正確な情報を把握するとともに、可能な修正を企図しておくことが重要です。

この事例では、もし、上記事項に対して、売り手側の磨き上げが適切になされていれば、買い手が辞退するには至らなかった可能性があります。

複数の仲介業者によって、事前の情報整理が不十分なままM＆Aプロセスに突入したため、各買い手候補には「譲渡希望条件も高望みではないのにまとまらず、出回っている案件」という印象となってしまい、結局、売り手はM＆Aを断念されたようです。

M＆A仲介業者は、売り手が業者に開示した情報を買い手に伝えるだけでは、M＆Aプロセスは順調に進みません。M＆Aに必要となる基本的な情報について、プロセスに入る前にしっかりと売り手から入手し、そこで解決すべき課題の有無を整理し、必要があれば対応策の策定・実行を促進することが肝要です。

この事例では、想像するに、売り手は株主情報や支配会社との取引関係をできる限り開示したくない背景があったのでしょう。

解決し難い問題である場合には、M＆Aに入るべきではありませんが、売り手の特段の事情について、売り手と仲介会社がしっかりと打ち合わせを行ったうえで、事前に株主の異動を行ったり、事業譲渡などの検討をし、リスクを遮断した取引スキームの策定を行う

ことが望ましかったものと見受けます。

・株主の情報はきちんと整理しよう！
・親密会社との取引状況については明瞭にしておこう！
・情報は正確に開示しよう！

■ 事例2 ■
【M&Aを断念し自主清算した事例】

　売り手から後継者不在で相談されたM&Aアドバイザーが、M&Aの可能性検討に際して、セラーズ・デューディリジェンスを行い、結果として、自主清算に至った事例です。

【対象会社概要】
① 事業内容：自動車部品のアセンブリ事業
② 創業：50年
③ 役職員数：30名（アルバイト含む）
④ 財務成績：総資産4億円、借入金3億円、純資産1億円
　　　　　　売上5億円、営業利益△2,000万円（赤字続き）
⑤ 希望取引形式：株式譲渡100%
⑥ M&A検討理由：オーナー経営者が高齢で後継者不在
　　　　　　　　メーカーの海外進出で売上および単価低減継続見込み
⑦ その他：住宅地に工場所有し、含み益が3億円

交渉プロセス

1　M&Aに対する売り手オーナー経営者の要望

① 役職員の雇用維持
② 取引先との関係維持
③ 想定される会社清算価格と同等程度の価格条件

2　売り手のM＆Aアドバイザーとしての当初所見

① 経営管理は充実していると見受けられ、M＆Aに際して基礎的な阻害要因は有していない。
② 一方、国内の同事業は衰退傾向であり、プレーヤーも少なく、現状の事業構造および資産の態様において、譲渡先を見つけるのは容易ではない。
③ 土地の価値について、事業用資産として継続使用が前提なら含み益は実現しないため、清算価値のほうが高くなる。
④ 事業計画が作成されておらず、今後の収益改善が策定できていない。このため、来期以降も赤字が継続する見通し評価となり、時間の経過とともに株主価値の毀損が継続する。
⑤ 収益改善に向けて、他業種への取引拡大、コストの安い場所への移転、同業との統合の検討ができれば、衰退市場における残存者利益が獲得可能である。

上記の当初所見を売り手と共有しながら、セラーズ・デューディリジェンスのプロセスに入りました。

3　セラーズ・デューディリジェンスにおける主な発見事項

① 想定どおり管理体制は充実しており、上場会社や大手企業とのM＆Aも可能である。
② 他業種に転用可能な技術や設備はほぼ見当たらず、仮にできたとしても価格競争力がなく、市場参入は難しい。
③ 保有土地について、不動産鑑定を行うとともに、複数の不動産会社に実際に価格を打診、その結果、想定を大きく上回る売却価値が見込まれることが判明した。

④　アセンブリ事業は、競合他社（地価の安い場所に立地）とはほぼ同単価、同社は住宅地にあることから、付近の主婦を長年アルバイト（熟練化）で採用したり、自宅内職による外注取引によって、同程度のコストを実現している。このため、工場を地方に移転する場合、逆に人件費が上昇する可能性がある。

⑤　同業他社との統合効果は、顧客獲得以外には考えにくく、役職員の雇用維持にはつながらない。

⑥　従業員への覆面的なヒアリングによると、高齢化が進んでいることもあり、環境変化に馴染みにくく、ここから先の長い雇用より、退職金の増額が好ましい可能性が高い。

⑦　取引先は、1年前の事前通知によって、十分に代替企業への切替えが可能であり、不誠実には思われない。また、生産中止に対する駆込み需要が発生する可能性がある。

4　セラーズ・デューディリジェンスを踏まえた結論

①　清算価値が、想定されるM＆A対価に対して相当に高い。

②　可能性が低いM＆Aにやみくもに突入すると、幅広く声をかけることとなり、結果として情報漏えいは起こりやすくなる。そうなると、顧客から継続取引への不安視が生じ、本来、守りたかった社員の雇用や取引先との業務維持が無秩序に喪失するおそれがある。

③　従業員は高齢化が進んでおり、雇用の継続は望ましくはあるが、割増退職金などでの求償措置を十分にとることができれば、非常に感謝されやすい状況であること、取引先も社員の高齢化問題に直面しており、計画的に生産終了を伝えることができれば受け入れられやすく、かつ生産終了への特需が見込める

ならば非常に望ましい状況である。

上記を踏まえ、ここまで事業を背負ってきたオーナー経営者としては、保有不動産を売却する場合の市場価値が思った以上に高いこと、自主清算しても多くの従業員や取引先が十分な理解を示してくれる可能性が高いという状況を鑑み、M&Aプロセスに入ることを断念しました。

本事例のポイント

本事例について、セラーズ・デューディリジェンスを行わず、従業員や取引先の状況を十分に知ることがなければ、事業や従業員への思いが強い経営者であるほど、M&Aプロセスに突入する可能性が高いと思われます。

もし、M&Aプロセスに突入しても、成立しなければそのときに清算すればよいと考えやすいことも安易なM&Aプロセスへの突入を後押ししてしまいます。しかしながら、本件においては、いったん、M&Aプロセスに入ると、売り手が特定されやすい環境にあるため、何もなかったかのように方針転換することは容易ではありません。

本事例は、セラーズ・デューディリジェンスによって、実現可能性が低く、関係者の満足度も低いと思われるM&Aに、無理やり突入することを回避し売り手の価値を守った事例です。

事例2

・従業員や事業への思い入れだけでM＆Aに突入することは避けよう！
・業界の成長性が厳しいような場合は、清算も視野に入れよう！

■ 事例3 ■

【顧客資産の「見える化」によって価値向上に成功した事例】

後継者不在により売り手オーナー経営者からM＆Aの相談をされ、磨き上げを通して売り手が有する顧客資産の「見える化」を行い、従業員の雇用維持から高いのれん代の評価まで勝ち取った事例です。

【対象会社概要】
① 事業内容：旅行の企画催行業（ある分野でニッチトップ）
② 創業：20年
③ 役職員数：10名（アルバイト含む）
④ 財務成績：総資産2億円、借入金2,000万円、純資産1億円
　　売上10億円、営業利益3,000万円、最終利益2,000万円
⑤ 希望取引形式：株式譲渡100％
⑥ M＆A検討理由：オーナー経営者が高齢で後継者不在

交渉プロセス

1　M＆Aに対する売り手オーナー経営者の要望

① 全役職員の雇用維持
② 顧客へのサービス体系や取引先との関係の維持
③ 経営基盤を高く評価し、事業成長を促進する先が望ましい

④　経営方針、財務基盤が安定した同業大手なら安心できる
⑤　自社が得意なニッチ分野における競合他社や、同分野に参入意欲のありそうなベンチャー的な旅行会社は、企業文化（社員への収益目標達成へのプレッシャーや顧客へ過度なセールス）が合いそうになく、できる限り避けたい
⑥　希望譲渡対価は２億円

2　売り手のＭ＆Ａアドバイザーの当初所見

①　同業大手の可能性は十分に有するが、類似事業をすでに行っている可能性が高く、自社事業との統合が当然ながら視野に入るため、事業モデルや役職員の維持が容易ではない。
②　帳簿からの所見として、収益性が低いため、高い価値は期待しにくい。
③　安定したニッチ分野であり、市場占有率も改善余地を十分に残していることから、成長指向の強い新興企業や競合企業が最も興味を示す可能性が高い（売り手オーナー経営者が望まない先）。

上記の状況を売り手と共有しつつ、磨き上げ過程に入りました。

3　セラーズ・デューディリジェンスにおける主な発見事項

①　あるニッチ分野でトップブランドを維持し続けており、同分野の市場は比較的安定している。
②　同社のシェアは20％前後で推移しており、競合他社は数社あるものの、それ以外は、季節商品としてスポット企画を行う大手旅行会社や、個人事業主的な小規模プレーヤーが多く、十分に市場開拓余地がある。

③　同社は、訪問先との直接の関係構築などによって、同業他社より価格競争力がある。

④　訪問先との長年の信頼醸成によって、他社でできない希少ツアーを提供できている。

⑤　競合会社に対して価格競争力を有している。

⑥　高額なツアーの占める割合が高く、顧客の大半は富裕層で、かつ大都市圏に集中している。

⑦　品質管理やリスク管理の観点から、ツアー回数や催行人員数は最小限に抑えており、顧客からの信頼につながっている一方、増加の余地は十分にあると思える。

⑧　航空券代など仕入原価はさらに低減できる可能性がある。

⑨　役職員は比較的若い一方、業務に精通しており、オーナー経営者の交替による混乱は考えにくい。

⑩　経理の計上基準、月次の損益管理、資金の入出金や請求関係のチェック体制などは、適切に整備されており、上場会社基準の目線としても大きな障害は見受けられない。

⑪　顧客との契約書、主要な取引先との契約書などのも適切に整備されている。

⑫　システム化が遅れており、顧客や取引先データやツアー企画データの多くがデータ化されていない。

⑬　事業計画は、大幅な経営環境の変化がない限り、昨年度実績をほぼそのまま当年度の単年度計画として採用できる。

　上記のとおり、経営管理は適切、事業を安定して継続する能力を有しており、成長余力も十分にあることが見て取れます。

　一方、自らの安定志向が成長を阻害している可能性があること、そして、強みの源泉であるさまざまな無形の財産を、定量的にデー

タ管理・分析ができていないことで、適切な価値評価を阻害するおそれがあることを売り手に伝えました。

その結果、急いでM＆Aプロセスに突入するよりも、事業価値向上のための「磨き上げ」に一定の期間を費やすことが望ましいことを共有し、取組みを開始しました。

4　事業価値向上のための「磨き上げ」

（1）　強みの「見える化」「使える化」

① 数か月間をかけ、これまで紙面管理していた顧客データについて、デジタル化を進め、属性分析ができるようにデータ整備をしました。同時に、顧客データ（職業、年収）の追加取得、データ整備、マーケティングへの利用許諾を得ることにより、「不特定多数の曖昧な富裕層」から「特定多数で属性分析可能な富裕層」に改善しました。このことにより、買い手にとっては、自社商品のクロスセルの可能性を評価しやすくなります。

② 富裕層顧客は数千名を超える一方、プル型の営業体制の中、一部のロイヤルな顧客によって収益の大半が形成されていることが改めて数値的に判明します。これにより、積極的な営業体制を敷かずとも、安定的な収益継続が得られることを主張することが可能となります。また、残りの顧客への潜在的営業余力が相当程度あることが示され、買い手はシナジーの算定を行いやすくなります。

③ 顧客との個人情報の利用同意書についても、マーケティングへの利用許諾も鑑みた内容に変更し、顧客からの取得を進めました。

④ 希少先を含むツアー先データ（収容キャパシティ、ツアー利

用人数、利用料金推移)についても、過去の情報をデジタルデータとして整備しました。その結果、関係性や品質を維持しながらも、顧客拡大や仕入単価のボリュームディスカウントの可能性が十分検討できると思われました。

(2) 事業計画の再策定

強みの内容を加味し、成長戦略を織り込んだ事業計画(単年度と中期計画)を策定しました。

これらの事業価値向上に向けた「磨き上げ」を約半年間かけて行ったうえで、相手方との交渉プロセスに入りました。

5 買い手との交渉結果

(1) 大手旅行会社は、複数社が興味を示すものの、売り手の売上規模の小ささから、やはり自社の部門への取込み統合が前提となることから、役職員の雇用やブランドが維持されないことから、交渉プロセスを進めることは断念しました。

(2) 同業では、中堅会社より、売り手の希望する条件をほぼ満たし、かつ自社が得意とするインターネット販売での取扱いなどを含めた成長戦略も提示されました。ただし、将来的には、雇用や企画ツアーのブランドは維持するものの、会社の統合は視野に入れる可能性が高いことが示されていました。

(3) 異業種では、高級自動車販売会社を傘下に持つコングロマリット企業グループから、売り手の希望条件を満たし、かつ直近営業利益の10年分を超えるのれん代が反映された譲渡金額が提示されました。背景には、自社グループが重点ターゲットとしている顧客セグメントを売り手がまさに有していること、そして自社グループの顧客に販売したい旅行企画内容であることが明確に理解できたこ

ととの説明を受けました。グループ内に旅行会社を持っていないため、現状の体制や企業文化を尊重し、グループ内人材を出向させて事業の理解を進め、対象会社自身を成長させていく方針も明確に提示されました。

この結果、売り手オーナーは、自社や希望条件への理解を最も示してくれた異業種の買い手とM&Aをすることを決意しました。

「磨き上げ」によって、顧客像や成長戦略が明確となり、買い手によるシナジー価値の一定の取込みに成功したこと、そして、買収後Day1からの速やかな事業推進がなされたことによって、事業は成長軌道に乗ってきています。

本事例のポイント

売り手の将来を表現する事業計画は、買い手が実現可能と思える内容であることが大切です。想定される具体的な施策をできる限り織り込み、買い手が将来収益を適正に評価することを促すように記述します。

財務諸表に現れない無形の資産についても、買い手が評価できるように「見える化」を行い、かつ、その資産の更なる収益化へつなげるために「使える化」しておくことが重要です。

・顧客資産の価値向上のための顧客情報の「見える化」「使える化」をしよう！

第3章 「磨き上げ」の事例

■ 事例4 ■
【知的財産権の有効化が決め手となってM&Aが成功した事例】

　売り手オーナー社長は高齢で、体力的に急速に衰えが生じていました。息子が取締役に入っており、事業承継を検討していましたが、印刷業の衰退傾向から、自力での中長期的な業績維持・回復は困難と判断されたため、M&Aの検討に入り、事前の磨き上げによってM&Aの成功に至った事例です。

【対象会社概要】
① 事業内容：印刷業
② 創業：40年
③ 役職員数：50名（アルバイト含む）
④ 財務成績：総資産7億円、借入金5億円、純資産2,000万円
　　　　　　売上7億円、営業利益トントン、最終利益トントン
⑤ 希望取引形式：株式譲渡
⑥ M&A検討理由：事業性への不安
⑦ その他：所有不動産に含み益が2億円を有する。

交渉プロセス

1　M&Aに対するオーナー社長および息子取締役の要望

① 　全役職員の雇用維持（社長は引退だが、取締役である息子は事業へ従事）

② 顧客へのサービス体系や取引先との関係の維持
③ 営業協力が可能で、経営方針、財務基盤が安定した先が望ましい
④ 不動産の含み益を評価に反映してほしい

2　売り手のM＆Aアドバイザーの当初所見

① 収益性が低く、業界も厳しい見通しであるため、候補先は簡単には見つからない可能性が高い。
② 一部に特殊な印刷物を長年手がけており、その収益は安定しており、他社の参入も容易ではない。
③ 事業計画が未作成であるため、価値評価も過去の財務成績に基づき、厳しい評価になりがちである。
④ 同業他社は、設備や人員の統廃合が不可避ゆえ、候補先としては難しい。
⑤ 不動産の含み益の譲渡価格への反映と、現状役職員、取引先、取引内容の維持との両立は容易ではない（事業用不動産として継続使用する前提だと、含み益の評価反映は難しい）。つまり、不動産の含み益の評価に向けては、将来の本社移転を検討しなければならず、その時には、移転に伴う事業の再構築によって役職員の削減や取引先の変更などが生じる可能性がある。
⑥ 異業種で、かつ印刷業務を一定程度外注している先が見つけられれば、機能子会社として興味を示す可能性がある。

上記の状況を売り手側と共有しながら、磨き上げ過程に入りました。

3　セラーズ・デューディリジェンスにおける主な発見事項

① 在庫管理や月次での損益管理が不十分であり、一定の体制整備が必要である。

② 売上は減衰傾向にあるが、利益寄与の高い取引は信用力の高い取引先が多く、継続的な受注を得ている。

③ 長年の取引の信用と必要な高額設備を整えていることから、ある特殊な印刷物に関しては、国内でも有数のシェアを有している。

④ 御用聞き的な受注方法なので、積極的な営業姿勢が育まれない一方、誠実で、かつ顧客との折衝履歴をていねいに記帳していることから、顧客からの信頼が厚い。

⑤ 印刷物に必要な写真を自社で撮影することが多く、その写真には著作性があり、反復して使用されるニーズがありそうである。

⑥ 損益はトントンでも、含み益を有する不動産の担保余力が十分にあるため、取引金融機関は取引に積極的である。

4　Ｍ＆Ａの阻害要因の除去および事業価値を高める磨き上げの実施

① 月次での経営管理に向け、帳票の整理と締日の変更などを実施、同時に税理士への経理業務のアウトソーシングを行い、早期の月次決算を実現した。

② 管理体制の強化のため、各人の権限管理を明確化し、チェック体制も導入した。

③ 収益改善のため、複数賃貸している倉庫の統合、社員の残業

削減のためにシフト制勤務の導入、自社ビルの効率利用で空きスペースを賃貸に出し、年間収益を2,000万円改善することを視野に入れることができる。

④ 自社所有の写真について、過去のストックの中には、繰り返し商用利用ニーズがあると思われるため、被写体の所有者と当時の依頼者（出版元）と交渉し、再利用の許諾および収益按分を取り決め、新たな収益源を確保した。

⑤ 将来、従業員や取引先に影響のない近隣の賃貸事業所への移転が可能である。

⑥ 上記の磨き上げ事項を反映し、事業計画（単年度と５か年の中期計画）を策定した。

各磨き上げの実施において、買い手に最もインパクトがあったのは、写真の著作権の利用でした。売上見込みは小さいですが、売上自体がほぼ利益であり、今後もストックビジネスとなる可能性があるため、事業への期待感も醸成されました。

また、移転計画を具体的に示したことで、土地の含み益も評価に織り込まれました。同時に基礎的な経営管理の充実を図ったことで、管理体制には特段の心配もなくなり、また、大幅な事業改善を必要とする状況にもなく、印刷業の深い知見が買い手に必須とは思えない環境が整いました。

この結果、売上高500億円を超える小売企業が、自社の印刷物の内製化と、将来の移転後には所有土地に店舗を出店すること企図し、売り手の策定した事業計画を概ね評価する形での価格評価が実現しました。もちろん、役職員の雇用維持などの条件については、５年間を誓約する形で承継に成功しました。

本事例のポイント

　異業種による承継は、売り手の現状の事業構造が維持されやすい反面、意思決定に至るには、事業自体や経営管理の安定性が基本的なポイントとなります。さらに、成長戦略が示すことができれば、取組意欲は大きく前進します。
　本件では、買い手は、自社印刷の内製化と土地の有効利用（より付加価値を生み出す利用へ）といった下支え計画を有していたことが大きな要素ではありますが、自走できる事業モデルでないとM＆Aは成立しなかったようです。

・技術などの知的財産権の価値を見出す磨き上げをしよう！

■ **事例5** ■

【受託業務や研究開発の磨き上げによってM＆Aが成功した事例】

　システム開発会社のオーナー経営者が、高齢かつ体調不良となり、後継者不在のため、M＆Aを検討するに至りました。業務の中身を丹念に精査する（磨き上げる）ことで、望ましい相手に事業承継が成立した事例です。

【対象会社概要】
① 事業内容：システム開発
② 創業：30年
③ 役職員数：100名
④ 財務成績：総資産4億円、借入金1億円、純資産1億円
　　　　　　売上10億円、営業利益3,000万円、最終利益2,000万円
⑤ 希望取引形式：株式譲渡
⑥ M＆A検討理由：オーナーが高齢で健康不安、親族、社内に後継者が不在への不安
⑦ 譲渡希望価格：適正な価格であればよい。
⑧ その他：健康不安のため、早期の成立を求めたい。

交渉プロセス

1　M＆Aに対するオーナー経営者の要望

① 全役職員の雇用維持
② 顧客へのサービス体系や取引先との関係の維持

③　独立系の同業は譲渡先としては望まず、本業でシステム開発を必要としている事業会社、もしくはユーザ系システム会社を譲渡先に希望
④　経営方針や財務が安定しており、人的リストラを行わない会社

売り手オーナーの経験として、成長志向の同業他社は、業績が悪化すると人的リストラを行うことが多く、自らも創業当初に同じ経営判断をしたことがあるとのことです。今では、そのことを大変悔いていることから、人的なリストラを行わない企業風土の会社とM&Aを成立させたいという強い意向を伺いました。

2　売り手アドバイザーとしての当初所見

①　事業の大半は技術者派遣事業が中心で、技術やノウハウの組織蓄積が十分ではない。
②　技術者がひっ迫しているため、同業他社は強い興味を持ちそうだが、人的リストラの可能性は否定できない。
③　現状では、事業会社は、システム開発のアウトソーシングを進めており、よほどのことがない限り機能子会社としてシステム開発会社を買収する戦略はとりにくい。

売り手の持つ技術、技術者の特徴を必要とする事業会社を見つけ出し、売り手自身での事業の永続性についての納得させることが非常に重要な案件となりました。上記の状況を売り手と共有しながら、磨き上げ過程に入りました。

3　セラーズ・デューディリジェンスにおける主な発見事項

①　取引先は大手のシステムベンダーが多く、技術者の評価は高

い。
② 技術者はプログラマーからプロジェクトマネージャーまでそろっており、年齢構成も各年代に偏りがなく望ましい状態にある。
③ 技術者派遣が多く、収益は安定しているため、システム開発の専業者でなくとも買収に不安感は少ないと想定できる。
④ ある業務分野において、特殊な受託開発や共同開発案件に取り組んでおり、特有の技術を習得した技術者を有している。
⑤ 商流の変更（1次・2次請けから元請け志向へ）による収益拡大の可能性がある。
⑥ 経営管理は適宜適切に行われている。
⑦ ごく一部に、二重派遣、過度な残業があり、早急な対処が必要である。

4　M＆Aの阻害要因の除去および事業価値を高める磨き上げの実施

① コンプライアンス違反（二重派遣、過度な残業廃止）の是正を実施した。
② 一部、元請けへの取引変更の働きかけ開始による収益改善をした。
③ 得意とする技術や業務分野を徹底的に分析、ある業種に特有な通信技術者を多数有しており、品質のよさから大手メーカと長年の取引があることが判明。同時に、この技術の周辺業務分野のシステム開発に別途10名の技術者が関わった経験を有する。
④ 上記技術の詳細、過去の製作物、そして、当該技術を用いて

作成可能なシステム案を想定、当該システムが有用となる事業会社を徹底的にリサーチし、数社をリストアップした。

上記の結果、過去にリストラを行っておらず、経営が安定しているという条件で、ユーザ系システム会社として十数社、特有の技術に興味を持ちそうな事業会社数社に対して、アプローチを実施し、その結果、売り手オーナーの希望条件を受け入れる事業会社とのM&Aが成立しました。

本事例のポイント

買い手は、自社事業の差別化のために、まさに当該技術を用いたシステムを必要としていたこと、売り手が安定していることから、非常に短期間での成立となりました。

システムは、もはやどの会社においてもビジネスモデルの維持のために不可欠であり、アウトソーシングが主流とはいえ、他社との差別化を企図するシステムの根幹部分については、内製化したいニーズはあります。単に技術者のスキルシートや過去の取引先一覧表示ではたどりつけなかった先が、業務の中身を丹念に調査し、そして、何ができるかを具体的に提示することに及んだため、望むべき買い手とM&Aが成立した事例です。

・事業価値を高める丹念な磨き上げがM&A成功のカギ！
・磨き上げによる特徴の顕在化で最良な相手を見つけ出す！

■ **事例6** ■
【不採算事業の撤退による収益改善によってM&Aが成功した事例】

　後継者不在のためM&Aを検討していたマーケティングコンサルティング会社が、不採算事業から撤退することで経常収益が改善し、M&Aに成功した事例です。

【対象会社概要】
① 事業内容：マーケティングコンサルティング会社
② 創業：20年
③ 役職員数：40名（パート・アルバイト10名含む）
④ 財務成績：総資産3億円、借入金1億円、純資産1億円、売上5億円、営業利益ほぼゼロ（時折赤字）、最終利益ほぼゼロ（時折赤字）
⑤ 希望取引形式：株式譲渡
⑥ M&A検討理由：後継者不在、オーナー社長はまだ60歳で経営継続意向はあるものの、元気なうちに安定した他社の傘下に入っておきたい
⑦ 譲渡希望価格：1億5,000万円以上
⑧ その他：2年以内にはまとめたい

第3章 「磨き上げ」の事例

交渉プロセス

1　M&Aに対するオーナー社長の要望

① 営業支援が可能な先
② 全従業員（パート・アルバイト含む）の雇用維持
③ 自らもできれば65歳まで関与を続けたい。長年の顧客や能力の高い役職員の育成にも苦心してきたので、株式譲渡は1.5億円を目指したい。

2　売り手アドバイザーとしての当初所見

① ウェブ広告や紙媒体の販促物広告のコンサルティング、および実行支援を行っており、基本的には労働集約型で人的資源に依存するため、M&Aが成立しにくい分野でもあり、譲渡価格においては多額ののれん代獲得は容易ではない。
② 買い手によっては、広がりのある顧客を有していないか、汎用化できる社内ノウハウ・ツールはないかなどの観点から、会社の隠れた価値を発見しないとオーナー希望は叶えられにくいと、外形的に判断。

上記の感覚を持ちながら、20年間継続した売り手の本質的な強みは何かを発掘することを主目的に磨き上げプロセスに入りました。

3　セラーズ・デューディリジェンスにおける主な発見事項

① セグメントごとの売上では、ウェブは伸長、紙媒体は低減傾向、セグメントごとの利益は、ウェブが高く、紙媒体は低い。
② 紙媒体では、売上減少を補うため、顧客への一貫サービスと

いう戦略で印刷物の受託も手がけている。この受託印刷を精査すると、印刷設備を持たずに外注との橋渡しに多くの人員が割かれているため、実態は大きな赤字であった。
③　ウェブと紙媒体部門は、ほぼ売上と人員数が同等であるものの、部門営業損益を算定すると（管理部門関連費用4,000万円を売上基準で配賦）、ウェブは3,000万円の黒字、紙媒体は3,000万円の赤字であった。

4　Ｍ＆Ａの阻害要因の除去および事業価値を高める磨き上げの実施

　本件では、減衰する紙媒体部門の対処が主要課題でした。立て直しの可能性、ウェブ部門への人材転用などを検討するものの、長い歴史の中で両者の交流は薄く、容易ではないとの判断に至りました。両者の顧客は独立していることも幸いし、もし、紙媒体部門を喪失・閉鎖しても、ウェブ部門の顧客や社内体制には大きな影響がないことが確認されます。

　そうした結果、紙媒体部門については、固定費を2,000万円配賦した結果で3,000万円の赤字ではあるものの、固定費の配賦前では1,000万円の赤字にとどまっていること、営業が強化されれば、稼働率には余裕があるため、黒字化は遠くないことから、紙媒体部門の売却を検討することになりました。

　最有力候補は、現在の最大の印刷外注先です。雇用と雇用条件を守ってくれる前提であれば、譲渡対価は希望価格でよいと交渉に臨みます。印刷設備を有する中堅の同社にとっても渡りに舟だったようで、減衰する印刷業界においては、より川上のコンサルティング部門の強化が必須ととらえており、運よく事業譲渡に合意がなさ

れ、紙媒体部門の従業員へも割増退職金のパッケージを用意し、十分な説明を行うことで、部門の全社員の移籍が成功しました。

譲渡価格は1円、割増退職金などの一時費用として2,000万円を計上することになりましたが、ウェブ部門を中心とした残存部門では、紙媒体部門で吸収されていた管理部門費用を引き取っても会社全体としては営業損益は1,000万円のプラスとなります。実際は、管理部門の人員を数名ウェブ部門へ転用することで、次期以降の会社の事業計画としては、営業損益が2,000万円を十分に実現できるものとなりました。

本事例のポイント

上記の結果、コンパクトにはなったものの、利益体質となった同社本体は、オーナー社長の望む継続要件を満たしながら、希望譲渡価格をやや上回る条件でM&Aの成立に至りました。赤字部門の回復の手段が自社では見出しにくい場合、おそれずに、当該部門の外部売却を検討することが大切です。

長年お荷物と思われ肩身の狭い思いをしてきた部門が、他社との統合で陽の目を見る可能性もあるのです。その際には、可能な限りの該当部門の従業員への経済的メリットの提供と心からの感謝が重要です。

・思い切って赤字部門を売却することも検討しよう！

■ **事例7** ■

【大幅な債務超過であっても事業の成長可能性の共有によってM＆Aが成功した事例】

　和菓子製造販売のオーナー社長が、急な健康問題で経営継続が困難となり、後継者不在のため、M＆Aを検討するに至りました。

　過去の赤字によって大幅な債務超過であったものの、事業が上向いており、今後の成長可能性を具体的に示すことで、事業承継が成功した事例です。

【対象会社概要】
① 事業内容：和菓子製造販売会社（実店舗数店およびインターネット通販）
② 創業：10年
③ 役職員数：20名（パート・アルバイト含む）
④ 財務成績：総資産5,000万円、借入金6,000万円（オーナー社長からの貸付金5,000万円）、純資産▲3,000万円、売上1億円、営業利益1,000万円、最終利益500万円
⑤ 希望取引形式：株式譲渡およびオーナー貸付金の回収
⑥ M＆A検討理由：オーナー社長が健康上の理由で経営継続が困難、身内、従業員に後継者不在
⑦ 譲渡希望価格：株式譲渡は備忘価格でよいが、オーナー社長からの貸付金返済および銀行借入金の連帯保証の解消を希望
⑧ その他：健康不安のため、早期の成立を求めたい

第 3 章　「磨き上げ」の事例

交渉プロセス

1　M&Aに対するオーナー社長の要望

① 事業成長を加速できる相手先
② 全従業員（パート・アルバイト含む）の雇用維持
③ ブランド名および現状の主力商品の維持

　早期退職し、全財産を投入した会社であり、紆余曲折しながら苦節十年、やっとこの1年で利益が出る体質になり、新規出店などにより成長加速が見込まれる段階にまで立て直されました。

　当初は、飲食可能な店舗からスタートしましたが、採算の悪さから販売のみに変更。その後、商品の改廃を重ね、直近で出した商品が好調で、その商品を中心とした商品構成に特化した店舗に変更し、利益体質に変貌してきました。

　まさにこれからという時に、唐突な健康上の問題によって、どうしても経営継続は困難となってしまったため、この事業を成長路線に乗せてもらえる相手先を最優先に考えたいということを伺いました。

2　売り手アドバイザーとしての当初所見

① 商品はおいしく、評判もよいため、興味を示す先は多数ありそう。ある商品に絞り、特化したことでブランドが際立った。
② 現状収益水準では、株式対価は備忘価格、貸付金全額返済および銀行肩代りも容易ではない。成長性の理解が鍵となろう。
③ 事業規模に対して、債務超過が大きく、また経営管理や会計処理も不十分ゆえ、このままでは資本力のある先は取引に応じ

る可能性が少ない。かつ、リスク抑制のため、事業譲渡形式となってしまい、残存会社の整理を要してしまう可能性がある。

オーナー社長がM&Aを検討する時間は限られているため、短期間において、売り手の主な事業、財務の精査を行い、最低限の適正化への道筋を整え、かつ成長性の具体的な根拠を発掘することが最重要の鍵として、磨き上げプロセスに入りました。

3 セラーズ・デューディリジェンスにおける主な発見事項

① 厨房機器や什器などの事業用固定資産の所有者および会計計上が不明瞭。

② 現金売上が大半で、管理をパート・アルバイトに任せており、かつ現金に基づき売上計上しており、管理が不適切な状態であり、会計情報も不正確。

③ 店舗の改装、商品変更に伴う過去の店舗内装費や旧商品の在庫などの除却が不十分。

④ 新商品は、特定の熟練の職人がつくる和菓子ではなく、パート・アルバイトでも短期間で習得できるように原材料が加工されている。このレシピが門外不出のノウハウである。当初、脱サラしたオーナー社長は、一定の熟練技を要する最高級の和菓子を指向したが、安定製造へのハードルの高さや一定の人材依存となることからうまくいかず、試行錯誤のうえ、現状の商品にたどり着いた。アドバイザーとして、丸1日、和菓子製造に従事したが、ほぼ数日で商品製造を完結できると判断。

⑤ 新商品は評判がよく、複数の大手施設からの出店依頼。

4 M&Aの阻害要因の除去および事業価値を高める磨き上げの実施

① 重要な事業用資産を会社資産として整理（個人から譲渡）
② 不良・不要資産の一切を廃棄・除却処分
③ 店舗ごとに日々の売上報告をルール化、買い手のもとで実施想定されるスマートレジなどのインフラ改善への業務ポイントを事前整理（ガバナンスの強化）
④ 短期間で製造できるようになり品質も保たれることについて、より標準化し、かつ、視覚化するために、パート・アルバイトへの業務マニュアル（特に製造）を整備（全国・海外どこでも出店可能、人材獲得も容易）
⑤ 出店依頼者への問合せを行い、時期、出店規模・費用、審査プロセスなどを詳細確認し、簡易な事業計画を策定

本事例のポイント

　上記の結果、依頼を受けてからクロージングまでの3か月間において、成長著しい飲食関連企業の買い手との間でM&Aが成立しました。
　過去に起因するリスクを回避するための事業譲渡ではなく、そのままの株式譲渡スキームが実現しました。株式譲渡価格は備忘価格ですが、オーナー貸付金は全額返済、銀行借入も一括返済され、かつ、ブランド名は継続、オーナーへの敬意から最高顧問として見守り続けていただくという条件での成立となりました。
　本件の最大のポイントは、事業の成長性・拡張性を買い手が評価

できるかどうかに尽きます。和菓子製造には素人の脱サラ社長が、職人とのあつれきや商品の安定性製造の悩みに向き合い、商品を絞り、かつ誰でもつくれる単純性を備えるように、原材料を加工したノウハウが、いかにビジネスの発展性につながるかを、買い手に伝えられるかどうかが勝負どころでした。

　複数のアドバイザーがそれぞれ丸1日製造プロセスを経験し、実感したことで迫力あるプレゼンにつながったということもありますが、製造過程を標準マニュアル化し視覚化することで、より説得力が増し、出店依頼があれば、大きな設備投資や人材獲得難に悩まされることなく、事業拡大可能と買い手が判断できたことが、短期間で希望条件を満たせた要因と思います。

・事業の成長性を「見える化」しよう！
・業務プロセスを標準化し、業務マニュアルをつくろう！

■ 事例8 ■
【株主と経営陣の対立を乗り越えて事業承継に成功した事例】

　化学製品製造会社の創業家株主は、長年、大手企業から招聘した社長に経営を委任していました。君臨する雇われ社長をはじめとする経営陣との間で、経営方針の確執が深まる中、高齢となってきた株主においては親族に後継者が不在であるため、M&Aを検討するに至りました。

　株主と経営陣との利害衝突を乗り越えて、大手企業への事業承継に成功した事例です。

【対象会社概要】
① 事業内容：化学製品製造
② 創業：50年
③ 役職員数：100名
④ 財務成績：総資産20億円、借入金5億円、純資産10億円
　　　　　　売上30億円、営業利益1億円、最終利益6,000万円
⑤ 希望取引形式：株式譲渡（現経営陣が適切であればマネジメントバイアウト(MBO)も視野）
⑥ M&A検討理由：株主の親族に後継者不在
⑦ 譲渡希望価格：適正価格であればよい。価格最優先ではなく、以下のその他の希望への対応を総合的に判断
⑧ その他：事業の長期安定継続、および従業員の雇用安定

事例 8

交渉プロセス

1 売り手を取り巻く状況および株主の要望

① 10年前に創業家社長が急逝し、急きょ、大手企業から社長を招聘し、現在まで当該社長が経営の執行に従事。現状は5名の取締役のうち、3名は現社長が招聘（自らを含め）、創業家株主からの取締役は2名（実態としては業務執行には関与していない状況）。

② 現社長の就任後、赤字でないものの、業績は減衰傾向。創業家保有の資産管理会社の工場土地の利用料なども、現社長から非常に廉価な価格設定を強いられているものの、業績の回復見込みは見えず、無配継続もあり、過度な株主軽視も見受けられ、確執が蓄積。株主や派遣取締役への経営情報提供も少なくなっている。

③ 創業家も高齢となり、親族に後継者が不在。所有と経営が分離した状態であるが、今後大規模な設備投資を必要とすることもあり、株主としては大手企業へのM＆Aを検討すべき時期と判断。ただし、確執があるとはいえ、長年現場を支えてくれた現経営陣に対しては、適切な経営執行状態であるならば、MBO（マネジメントバイアウト）も視野に入れてみたい。

④ 従業員や取引先への長年の感謝の思いが強く、今後も創業の地で安定的に事業継続してくれる大手企業を希望。一方、確執はあるものの、10年間、現場のかじ取りを行っている現社長や経営陣の思いも尊重したい。

2 売り手株主アドバイザーとしての取組み状況

① 株主と経営の考え方が一体ではないため、まず、会社状況を正確に把握する必要がある。

アドバイザーとしては、経営陣が予断を持って接してくると、会社状況が歪んで伝わってしまうため、創業家の資産管理会社との統合を主たる目的として、財務および経営管理状況の実態調査という立場で、セラーズ・デューディリジェンスに臨んだ。

② マネジメントインタビューにおいて、現経営陣は、創業家や株主からの取締役への批判を語り、自社を維持していくには現経営陣のみで十分であり、資産管理会社の有する工場用地について、できる限り廉価に統合するべきと主張。

近い将来、現経営陣を中心にMBOを図ることが後継者不在の創業家にとっても自然との見解を聴取。

③ 財務精査の発見事項としては、業績が減衰する中、従業員の昇給は見送られ続け、賞与も現社長が就任する前と比べると半減状態。

一方、現社長が招聘した大手企業からの経営陣の報酬水準は前職時と同等に高く、就任時から維持が続いており、交際費なども高止まり状態。

経営戦略においても、新たな取組みは見受けられず、創業家との取引価格の低減がなければ赤字転落状態。

④ 上記ゆえ、全社員に対して無記名の「従業員意識調査」を行ったところ、現経営陣への不満が続出、そのため、現場マネージャーへのインタビューを行ったところ、現場はまかせっ

きりで将来の方向性は何ら提示されず、一方、業界活動と称した交流活動に熱心で、現場からは会社の私物化にも見えるとの意見も出ており、その傾向は、最近、特に強まってきている。
⑤ 現場マネージャーのマネジメントレベルを確認するため、慎重に現場インタビューを進めた結果、万が一、現経営陣がいなくなっても、現場の維持は十分可能と判断。その一方、経営トップを務める人材は、現状内部には育っていないことも判明。

3 セラーズ・デューディリジェンスにおける結論

① 現経営陣は後継者としては不適と判断。
② 期中解任では波風が立つので、次回改選期（半年後）で取締役を非選任とし、創業家から全役員を選任することを策定（逝去した創業社長の親族で、異業種の大企業を定年退職した人物に社長を依頼、そのほかは、創業社長の妻、子息を役員とした。ただし、実態としては、子息は他社勤務状態であり承継の意思はなく、親族社長も最大2年間という約束のもとで役員就任）。
③ 事業承継としてのM&Aは、経営執行に関しては、創業家に大政奉還した流れをつくったうえで、1年間、経営のかじ取りを行いながら、並行してM&Aへの準備を進めていくことに。

時間を要する磨き上げではあるが、現経営陣のままでM&Aを遂行しようとしても、意見対立が目に見えており、経営情報の開示もままならないとの判断もあるため、あえて次期株主総会で非選任という判断を選択すべきと思料しました。

現場のヒアリングにおいて、現経営陣への批判が相次いだことか

らも、このまま放置すべきではないと強くアドバイスを行い、創業家株主も決断されました。何とか、親族内から暫定的な人選ができたことも幸いでした。

ただし、新体制はあくまで暫定対応であるため、新体制のもとで、改めて売り手の状況を把握し、そのうえで速やかにM&Aの実現を図ることになりました。

4　新体制での磨き上げの実施

① 資産管理会社の吸収合併による事業用資産の所有の集約を行い、創業家株主の支配下にある会社との取引解消を実現
② 従業員給料の業界水準への是正、および人事評価制度の導入
③ 大規模な設備投資計画の策定、および中長期計画の策定

本事例のポイント

上記は、通常状態における磨き上げの実施です。本件においては、上記磨き上げの前に、株主と経営陣との利害が相反している中、売り手の事業継続には、何がベストか、正しい助言をできるかが鍵だったと思います。

このようなときに最も有効となるのは、やはり、現場の従業員の声です。日々、顧客や取引先と向かっているのは、やはり現場の従業員です。その方々の声を慎重に伺い、まずは、事業継続において必要な経営資源は何かを客観的に判断することがアドバイザーには求められます。

当該会社は、現場に支えられた創業家株主が、紛糾した株主総会を乗り越え、1年間の経営執行を経て、業績改善を達成したうえ

事例8

で、大手企業へのM&Aが無事成立した事例です。

・現場の従業員の声を大切にしよう！
・会社の経営資源を客観的に判断しよう！

巻末資料

■磨き上げのために準備すべき書類等
■磨き上げの手順
■磨き上げチェック項目一覧

【磨き上げのために準備すべき書類等】

1　組織・経営関連

- 株式情報書類（株主名簿、株券台帳）
- 株主リスト（属性情報含む）
- 定款
- 社内規則・規程（取締役会規則、監査役会規則、職務分掌規程、稟議規程、就業規則、給与規程、退職金規程、経理規程）
- 株主総会議事録、取締役会議事録
- 商業登記簿謄本
- 組織図
- 業務フローを記述したもの（商流）
- 会社案内パンフレット（沿革等も記載した会社紹介、商品・サービス紹介を記述したもの）

2　財務関連

- 決算書（注記、科目内訳書、キャッシュフロー計算書含む）
- 各種会計帳簿（仕訳帳、総勘定元帳等）
- 金融機関等の残高証明書
- 借入金に関する情報（借入条件、担保・保証人に関する詳細等）
- 固定資産台帳
- 時価情報

3　事業・取引関連

- 自社が属する業界の市場動向や競合会社に関する情報
- 事業計画書（単年度および中期計画）
- 予実管理実績に関する資料
- 取引先および仕入先に関する一覧リスト（各要約情報含む）

4　税務関連

- 税務申告書（法人税、法人住民税、消費税等の申告書）
- 税務調査の履歴、修正申告の履歴
- 税務に関する届出の履歴と届出書の控え

5　法務関連

- 取引に関する各種契約書
- 不動産（事業用および非事業用も合わせて）に関する一覧リスト（概要情報含む）
- リース・レンタル資産の契約一覧
- 知的財産権のリスト（各要約情報含む）
- 許認可関係リスト（各要約情報含む）
- クレーム対応の記録

6　人事・労務関連

- 役員リスト（管掌・略歴含む）
- 従業員および役員退職金規程
- 従業員リスト（年齢、職位、勤続年数、職務内容等が記載されたもの）
- 組織図（従業員の配置含む）
- 雇用契約書、および各種規則・規程（就業規則、給与規程、アルバイト・パート従業員就業規程等）
- 出勤簿、タイムカードによる労働日数・時間に関する情報
- 社会保険に関する情報
- 労働組合の有無、労使トラブル等の情報

7　コンプライアンス

- コンプライアンスへの取組み状況がわかる資料

- 許認可、各種必要な届出への対応状況がわかる資料
- 営業機密および個人情報の取扱いに関する情報
- 反社会的勢力との取引排除への取組み状況がわかる資料
- 環境規制への取組みがわかる資料

8　保険

- 加入保険リストおよび各保険の概要情報の整理
- 保険証券、保険会社から定期的に送付される計算書類

9　ITシステム

- システム構成図（ハードウェア（モバイル含む）、ソフトウェア、ネットワーク）
- 使用ソフトウェアのリスト（各概要情報含む）
- セキュリティ管理に関する情報
- システム投資計画に関する情報

10　海外関連

- 海外子会社の基礎的事項に関する情報（資本状況、株主および株主間契約、役員および各自の役割、準拠法や税制、資金調達および海外送金への制約等）
- 海外子会社の事業内容と経営管理状況に関する情報
- 海外子会社の事業計画

【磨き上げの手順】

1　自社の現状把握

- 前掲「磨き上げのために準備すべき書類等」の社内整備状況の確認。
- 本書各章における「ポイント！」の社内対応状況の整理。

2　M＆Aの阻害要因の除去

- 株主整理、過去の組織再編手続瑕疵の修正、重要契約の具備、会計処理の大きな修正等、放置するとM＆Aの実現を阻害する要因について、各種専門家と連携し、事前に治癒を行う。

3　自社の強みの見える化

- 優良な取引先、他社では獲得困難な顧客情報、知的財産やノウハウ等、財務諸表に現れない自社の強みについて、買い手が理解し価値を見出しやすいように顕在化、つまり「見える化」を行う。

4　調査・分析資料の充実

- 買い手が安心してM＆Aに臨め、かつ売り手へのリスクを過度に見積もらないようにするため、財務資料の充実、事業計画の作成、経営管理体制の充実等を行う。

5　価値向上への本格的磨き上げ（応用編）

- 不採算事業の撤退・切り離し、オーナー資産管理会社と売り手の間における事業用資産の最適な保有形態への組織再編、商流変更による利益率や資金効率の改善等、一定の時間をかける前提で価値向上への施策実行へ着手する。

【磨き上げチェック項目一覧】

		チェック項目	確認欄
組織・経営	株式と株主	株券発行の有無	
		株主名簿の有無	
		株主変遷の把握	
		株主異動の適正な手続	
		名義株の有無	
		株主情報の把握	
	社内規則・規定	定款内容と法令との適合性	
		社内規則・規程と現行の運営との不一致の有無	
		株主総会議事録・取締役会議事録作成の有無	
		会社の現状と登記簿謄本との不一致の有無	
	取締役	定款・謄本・議事録等による取締役・監査役の人数、任期、異動の履歴とその適正な手続の把握	
		M&Aによって退任・留任する取締役の決定	
		会社と取締役との取引の有無	
	組織	組織図の有無	
		各部署の責任者の適正配置	
		各部署の役割の明確化	
		海外子会社・支店の把握	
	業務フロー	業務フロー作成の有無	
		業務フローの見直しの必要性	
	会社案内	会社案内・商品案内の更新の有無	
		会社の沿革の把握	
財務関連		会計帳簿の作成・保管	
		会計基準に合致した会計処理	
		正しい決算書の作成	
		決算書の記載内容の充実	

		チェック項目	確認欄
事業・取引	事業	事業の強み・弱みの把握	
		事業計画作成の有無	
		予実管理の検証	
		営業状況・取引先等の情報管理	
		研究開発一覧作成の有無	
	取引	売上推移・利益状況・取引内容の把握	
		主要取引先・業務委託先の状況把握	
		グループ間取引の損益の把握	
		オーナーおよびその親族への報酬等の確認	
税務		税務申告書控え一式の保管	
		税務に関する届出書類の保管	
		納税額の一覧表作成の有無	
		税務調査・修正申告履歴作成の有無	
		税務リスクの把握	
法務	契約書	契約書の整理保管	
		契約書の不備の有無	
	不動産など	所有不動産のリスト作成の有無、関連書類の整理	
		賃貸不動産の契約一覧作成の有無	
		リース・レンタル資産の契約一覧の有無	
	知的財産権	知的財産権のリストの有無	
		ライセンス契約のリストの有無	
	許認可関係	許認可関係のリストの有無	
		許認可関係の承継要件・手続の確認	
	訴訟など	訴訟関係書類の整理	
		クレームの内容・対応記録の有無および整理	

		チェック項目	確認欄
人事・労務	人事	株主リスト・役員リストの有無	
		代表者・親族の去就の確認	
		親族以外の役員に関する情報の整理	
		役員退職金規程の整備	
		役員の異動・報酬の検証資料の整備	
		従業員リストの有無	
		従業員管理台帳の整理	
		給与台帳・賃金台帳の整理	
		雇用契約書、就業規則、給与規程等の整理	
人事・労務	労務	労働日数、休日、労働時間に関する諸規程の整備	
		昇給、賞与、諸手当、時間外手当等に関する諸規程の整備	
		出勤簿、タイムカード、業務日報等による管理	
		社会保険への加入の有無	
		労災事故の有無およびその記録の管理	
		労使協定の締結の有無	
		労働組合の有無、組合の活動状況	
		労務トラブルの履歴の整理・管理	
	コンプライアンス	組織としてのコンプライアンスの取組み状況	
		定款で定められていない事業の有無	
		必要な許認可を得ていない事業の有無	
		顧客からのクレーム対応	
		営業秘密等の管理	
		個人情報の管理・態勢整備	
		反社会的勢力遮断への取組み	
		環境関連法規への対応	

	チェック項目	確認欄
保険	保険の積立金・解約返戻金等の簿外資産の有無と残高の確認	
	保険についての正しい会計処理の確認	
	保険の契約内容の把握	
	今後の保険料の支払と給付見込み額の見通し	
ITシステム	システムの全体構成の把握	
	システムの開発・運用・保守体制	
	違法なソフトの使用の有無	
	セキュリティの適切な管理	
	各種データの適切な管理・利用	
海外子会社	海外子会社の目的の明確化	
	海外子会社の現地における制約事項の把握	
	海外子会社と本社との役割分担の明確化	
海外子会社	海外子会社の経営状況の把握	
	海外子会社の事業計画作成の有無	
	海外協力工場、海外パートナーとの取引状況	
整理整頓	生産部門の整理整頓	
	営業・管理部門の整理整頓	

■著者紹介■

金井　厚
　早稲田大学商学部卒業。㈱新生銀行企業情報部長。
〔主要著書等〕
『一問一答 金融機関のための事業承継の手引き』（共著）（経済法令研究会・2018年）
「Ｍ＆Ａと金融機関」（銀行法務21・2017年6月号）

岡本行生
　東京大学理学部情報科学科卒業。ペンシルバニア大学ウォートン校ＭＢＡ（ファイナンス兼アントレプレナリアル・マネジメント専攻）修了。アドバンストアイ㈱代表取締役。
〔主要著書等〕
『一問一答 金融機関のための事業承継の手引き』（共著）（経済法令研究会・2018年）
『中小企業のＭ＆Ａ交渉戦略』（ダイヤモンド社・2010年）

岩松琢也（公認会計士・税理士）
　一橋大学商学部卒業。㈱丸の内アドバイザーズ代表取締役、税理士法人丸の内アドバイザーズ代表社員。
〔主要著書等〕
『一問一答 金融機関のための事業承継の手引き』（共著）（経済法令研究会・2018年）
『中小企業の事業承継Ｍ＆Ａ活用の手引き』（共著）（経済法令研究会・2016年）

事業承継Ｍ＆Ａ「磨き上げ」のポイント

2019年6月1日　初版第1刷発行

著　者　金井　厚、岡本行生、岩松琢也
発行者　金子幸司
発行所　㈱経済法令研究会
〒162-8421 東京都新宿区市谷本村町3-21
電話 代表03(3267)4811 制作03(3267)4823
https://www.khk.co.jp

営業所／東京03(3267)4812　大阪06(6261)2911　名古屋052(332)3511　福岡092(411)0805

カバーデザイン／アンシークデザイン
制作／地切 修　印刷／富士リプロ㈱　製本／㈱ブックアート

©Atsushi Kanai, Yukio Okamoto, Takuya Iwamatsu 2019　Printed in Japan　ISBN 978-4-7668-2439-1

☆　本書の内容等に関する追加情報および訂正等について　☆
本書の内容等につき発行後に追加情報のお知らせおよび誤記の訂正等の必要が生じた場合には、当社ホームページに掲載いたします。
　　　　（ホームページ　書籍・DVD・定期刊行誌 メニュー下部の 追補・正誤表 ）

定価はカバーに表示してあります。無断複製・転用等を禁じます。落丁・乱丁本はお取替えします。

地域活性化のための金融実務がよくわかるシリーズ

渉外担当者のための 事業承継がよくわかる本

経済法令研究会 編

● A 5 判　176頁　●定価：本体1,500円＋税

シリーズの刊行にあたって

　人口減少と高齢化の問題が深刻化し、社会・経済構造の変化が本格化していく中で、政府は地域活性化を打ち出し、構造改革の取り組みを強化しています。中でも注目されるのが、地域活性化のためには金融機関が地域社会や地域企業を支援することが重要であると強調されている点です。

　このような情勢をふまえ、金融機関が地域活性化のために様々なリソースをどう活用すべきかを解説した「地域活性化のための金融実務がよくわかるシリーズ」を刊行することとなりました。金融機関の担当者の皆さまにとって、必要な知識とその実践手法を学ぶ書としてお役立ていただくことを主眼としています。

本書の概要

　わが国では、企業経営者の平均年齢が60歳程度となっています。今後10年の間、事業承継の件数は増加するものと予想されます。

　このような現状を受けて、地域金融機関は、従来以上に事業承継支援に力を入れるようになってきました。スムーズな事業承継を促し、企業の存続と発展に貢献するとともに、取引先との関係強化やビジネスチャンスを得ることをその目的としています。

　本書では、金融機関の行職員のなかでも、特に渉外担当者に向けて、事業承継支援の必要性および方法を解説しています。

本書の特徴

- 「取引先の情報収集」や「信頼関係の築き方」など、渉外担当者の実務がわかる！
- 事業承継にかかる法務・税務の基本が理解できる！
- 現場で実践できる会話事例を多数掲載！

経済法令研究会　http://www.khk.co.jp/　●経済法令オフィシャルブログ
〒162-8421　東京都新宿区市谷本村町3-21　TEL.03(3267)4810　FAX.03(3267)4998　http://khk-blog.jp/